Myra

Devas – Die Natur hinter der Natur

Saint Germains Vermächtnis

DEVAS
DIE NATUR
HINTER DER NATUR

Einleitung, Kommentare und Redaktion
Brigitte Hussak

MYRA

SILBERSCHNUR

FSC
www.fsc.org
MIX
Papier aus verantwortungsvollen Quellen
FSC® C014138

ISBN: 978-3-89845-357-8

1. Auflage 2012

Gestaltung & Satz: XPresentation, Güllesheim
Umschlaggestaltung: XPresentation, Güllesheim; unter Verwendung des Motivs #25196138, www.fotolia.com
Druck: Finidr, s.r.o. Cesky Tesin

Verlag »Die Silberschnur« GmbH · Steinstr. 1 · 56593 Güllesheim
www.silberschnur.de · E-Mail: info@silberschnur.de

"Einfach ist der Grundton
der ganzen Schöpfung."
Dr. Edward Bach

Dieses Buch ist in Dankbarkeit und Liebe
der "Hüterin der Erde" gewidmet,
die aus dem Herzen der göttlichen
kosmischen Mutter stammt.

Sie ist ein Lichtwesen, das in
der Licht- und Liebesdimension von Mutter Erde
und im menschlichen Bewusstsein wirkt.

Ihr Auftrag ist es, in unterstützender Zusammenarbeit
mit allem Lebendigen Einheit zu schaffen
auf diesem Planeten.

Die nordamerikanischen Indianer nennen sie
"Weiße Büffelkalbfrau".

Ich freue mich sehr, dass die "Hüterin der Erde", deren Botschaften von Stephanie Fuchs übermittelt werden, für dieses Buch einleitende Worte gesprochen hat.

INHALT

VORWORT DER »HÜTERIN DER ERDE«

Ich bin die Hüterin der Erde und bedanke mich, dass ich mich hier über Worte zum Ausdruck bringen und mich über das gesprochene Wort als Lichtpräsenz materialisieren darf.

Liebe Freunde, wir wollen uns gemeinsam auf die Energie, die in diesem Buch enthalten ist, einstimmen. Es geht um die Heilkraft der Natur. Es geht darum, sich das Potenzial, das auf dieser Erde lebt in Form von Pflanzen, Metallen, Mineralien und Substanzen, die noch nicht entdeckt worden sind, nutzbar zu machen. Es geht darum, dass viele Krankheitsbilder gar nicht sein müssten, wenn die Rückverbindung zur inneren Stimme geschehen würde, denn die innere Stimme führt euch Menschen immer zur richtigen Pflanze, zum richtigen Metall, zum richtigen Mineral. Die innere göttliche Stimme eures physischen Körpers führt euch immer zur richtigen Entsprechung in der Natur, der Entsprechung, die ihr für ganzheitliche Heilung braucht. Auf dieser Erde ist alles, wirklich alles vorhanden, was ihr benötigt, um heil zu sein. Es ist für alle Leiden ein Kraut, ein Stein, ein Metall gewachsen. Und so möchte ich euch ermutigen, mit allen Sinnen, den inneren und den äußeren, durch die Natur zu schreiten.

So möchte ich mich jetzt noch den Elementen zuwenden, Feuer, Wasser, Erde und Luft. Es gibt noch mehr Elemente, doch die will ich an dieser Stelle nicht behandeln. Feuer, Wasser, Erde und Luft sind wunderbare Dimensionen hier auf diesem Planeten. Diese Elemente stellen bestimmte Räume und Qualitäten dar. Und das bewusste Anwenden dieser Kräfte fördert eure Schöpferkraft und bringt euch direkt in Kontakt mit dem kreativen Bewusstsein eures Menschseins. Die bewusste Anwendung dieser Elementekräfte bringt euch in Kontakt mit der bewussten Schöpfung eures Lebens. Denn dies sind materielle und geistige Werkzeuge, die aus dem lebendigen, pulsierenden Liebesherzen dieses Planeten stammen und eingebunden sind in das große Ganze. Und auch hier dürft ihr vertrauen, dass das Herz mit eingebunden ist und sich öffnet für diese Kräfte. Auch hier gilt es, diese Kräfte in Liebe zu nutzen, sich ihnen in Liebe zu nähern, denn diese Kräfte, liebe Freunde, haben Missbrauch und Verletzungen erfahren, sie sind verletzt - und ihr wisst ja selbst, wie es sich anfühlt, nicht erkannt und gewürdigt zu werden. Und so möchte ich euch bitten, die Elemente dieses Planeten zu würdigen und anzuerkennen, um so bewusst materiell schöpfen zu können in Liebe - ein jeder, was er braucht, ein jeder, was ihm guttut, damit er das Wohlfühlen und die Harmonie in die Welt bringen kann. So ist es die lichtvolle Alchemie, die diese Elemente in sich trägt, eine lichtvolle Alchemie der Heilung und Ganzwerdung, die in diesen Elementen enthalten ist. Nur das bewusste Gleichmaß, die Würdigung bringt das wahre Herzensgold in eurem Leben, in eurem Sein hier auf Mutter Erde hervor.

AFFIRMATION
Ich bin Liebe,
und in Liebe begegne ich meiner inneren Natur.
Meine innere Natur ist Liebe,
und so spüre ich, wie in meinem Körper die Elemente Feuer, Wasser, Erde und Luft schwingen,
wie diese Elemente in meinem Körper
durch meine Liebe geheilt und anerkannt werden.
Und diese Anerkenntnis heilt den Planeten.
Diese Anerkenntnis in mir bringt Heilung
für die Elemente, für die Herzensverbindung
zwischen der menschlichen Dimension
und den Dimensionen der Elemente.
So ist es.

Liebe Menschen, ich möchte euch dieses Buch ans Herz legen, ich will euch die Natur zurück in euer Herz bringen, damit es immer besser gelingen möge, den Reichtum, die Vielfalt, die Heilkraft in euch selbst zu entdecken, und ich möchte euch ans Herz legen, ganz tief wahrzunehmen. So möchte ich euch bitten, mit euren Füßen die Erde zu berühren und mit jedem Schritt, den ihr tut, den Pulsschlag der Erde zu spüren, den Pulsschlag des lebendigen Inneren dieses Planeten, eines Inneren, das angefüllt ist mit Liebeskraft und hellstrahlendstem Liebeslicht. Dieses Liebeslicht ist es, das wunderbare heilkräftige Pflanzen, Metalle, Mineralien und Stoffe, die ihr noch gar nicht kennt, hervorbringt. Ich möchte euch einladen, in dieser heilkräftigen Schwingung zu verweilen und alles, was euch, alles, was der Heilung zugeführt werden möchte, dieser heilsamen Schwingung zu übergeben - in Stille, in Dankbarkeit und in der Gewissheit, dass ihr Menschenkinder und die Natur aufs Tiefste miteinander verwoben seid, dass eine tiefe Herzensverbindung seit Anbeginn der Zeit besteht, eine Herzensverbindung, die in vielen Naturvölkern besteht und die in früheren Zeiten auch in eurem Kulturkreis bestanden hat. Dieser neue Rhythmus eures Herzens bringt euch ganz leicht wieder in Verbindung mit dem Rhythmus unseres Planeten.

AFFIRMATION
Ich bin Einheit,
ich bin Einheit in mir
und diese Einheit bringt mich in Kontakt
mit meiner wahren Natur.
Die wahre Natur in mir ist die Brücke zu
Mutter Erde.
Die Ursprünglichkeit in mir öffnet alle Sinne
für die Kommunikation mit Mutter Erde,
und die Kommunikation mit ihr
lässt mich tiefes Urvertrauen,
Fülle und Geborgenheit erleben.
Diese Attribute öffnen mein Herz,
öffnen meine Seele
und schaffen Frieden in meinem Leben.
So ist es.

So gilt es, Freude auszustrahlen für die Zukunft, denn sie ist freudig. Ihr dürft Vorfreude empfinden, denn die Freude ist schon da aus der Lichtzukunft. Und auch in meinem Herzen sprudeln die Quellen der Freude in diesen lichtbringenden Zeiten. Trotz der großen Turbulenzen und der starken Umpolung, der Traurigkeit und der Ängste überwiegt doch in großem Maß das Licht, die Freude, die Verschmelzung, und das erfreut das Herz und die Lichtkräfte dieses Planeten.

Die Hüterin der Erde

Liebe Leserin, lieber Leser,

mit folgender faszinierender Aussicht ließen wir uns im September 1999 von Saint Germain gerne für eine Woche in den Schwarzwald locken: Wir sollten Teil der Natur werden. Unsere Einbindung in das Werden und Vergehen, in den Zyklus der Jahreszeiten sollte als Korrespondenz, als Interaktion mit dem eigenen Lebenszyklus erspürt werden. Schließlich sollten wir lernen, so mit der Natur zu atmen und ihr Lied mit solcher Intensität zu "erhören", dass wir Gleichklänge überall dort wahrzunehmen vermögen, wo ein Stein, eine Pflanze, ein Baum auf unserem eigenen Grundton schwingt. Wenn wir "un-heil" sind, schwingt unser Wesen nicht synchron mit diesem Grundton, und wir befinden uns daher nicht im Gleichgewicht. Im Hinhören und Wahrnehmen der uns umgebenden Klänge in der Natur können wir das entdecken und finden, was wir zur Harmonisierung unserer

Zellstruktur und zur Ausleitung nicht zu uns gehörender Schadstoffe brauchen. Wir sollten daher lernen, auch die Schwingungsfrequenzen unserer Feinstoffkörper zu erspüren, vor allem, die des Äther- und Astralkörpers, damit wir die uns "zuschwingenden" pflanzlichen und mineralischen Helfer entdecken können. Wie wir sie uns dann nutzbar machen können, ist Teil unseres Abenteuers.

Dass Saint Germain uns dazu nicht zweimal bitten musste, versteht sich von selbst. Wir folgten nur allzu gerne seinem Ruf. Wir, das war und ist ein kleiner Freundeskreis, der sich Anfang der Neunzigerjahre zusammengefunden hatte. Nach einiger Zeit trat der in unser Leben, der seit Äonen, wie er sagte, unser Lehrer und Weggefährte gewesen war - und dies zuletzt im 18. Jahrhundert. Damals hatte er uns ein Versprechen gegeben, das er nun einlösen wollte, nämlich uns zum letzten Mal zu unterrichten. Myra, ein Mitglied unseres Kreises, war für die mehr als sechs Jahre, die Saint Germain unser Lehrer, Erzieher und Lebensbegleiter war, sein Medium.

Die näheren Umstände der Begegnungen und die Gründe, weshalb wir in den Genuss dieser Unterweisungen kamen, habe ich ausführlich in der Einleitung zum Buch *Saint Germains Vermächtnis. Ein westlich-abendländischer Einweihungsweg* beschrieben. Es beinhaltet auch einen biografischen Abriss des Lebens des historischen Grafen von Saint Germain im 18. Jahrhundert und ein Kapitel über die sogenannten Aufgestiegenen Meister, in dem ich hauptsächlich Saint Germain das Wort überließ.

Hier lege ich Ihnen einen Teil des "Unterrichtsstoffes" unserer Woche im Schwarzwald vor und hoffe, dass Sie, liebe Leser, mit dem Begriff "Unterricht" nicht das Wort "Langeweile" assoziieren, denn langweilig war uns in den gemeinsamen Jahren niemals. Und ich hoffe und vermute, dass es Ihnen bei der Lektüre und vielleicht auch Anwendung der Inhalte dieses Buches nicht anders ergehen wird.

Ich habe da und dort in abgesetzter Schrift erklärende Kommentare eingefügt, wo Wissen vorausgesetzt wird, das in anderen oder noch nicht erschienenen Veröffentlichungen unserer Schulungen enthalten ist.

Herrn Dr. Peter Michel vom Aquamarin-Verlag sei an dieser Stelle für die Erlaubnis gedankt, Übersetzungen einiger Texte von Dr. Edward Bach verwenden zu dürfen. Ich danke dem Prosveta Verlag für die Erlaubnis, die Übersetzung der *Tabula Smaragdina* auch in diesem Buch wieder abdrucken zu dürfen.

Nun lassen Sie sich von Saint Germain in die Natur begleiten - und in "die Natur hinter der Natur". Ich würde mich freuen, wenn Sie, liebe Leserin, lieber Leser, dieses kleine Büchlein als eine Toröffnung in die äußeren und inneren Welten der uns umgebenden Natur betrachten und erleben würden, denn dann hätte es seinen Sinn erfüllt.

Brigitte Hussak

Dießen am Ammersee im Herbst 2011

Alles Leben ist Energie

Alles Leben ist Energie. Energie ist schöpferisch. Energie ist sowohl materiell als auch immateriell. Energie ist immer beseelt, weil sie ein Ausdruck des Göttlichen ist. Selbstlose Liebe ist die höchste Form von Energie. Sie manifestiert, weil in und durch einen reinen Geist erzeugt, nur Positives.

Da Denken unmittelbar ist, ist auch die energetische Manifestation des Gedachten unmittelbar, es liegt nur ein "Hauch von Zeit" zwischen Denken und Manifestation. So ist auch zu erklären, weshalb das Denken so viel Heil, aber leider auch noch sehr viel Unheil in der Welt auslöst. Deshalb basiert jede wirkliche Lehre auf der Reinerhaltung beziehungsweise Reinigung der Gedanken.

SCHÖPFUNG wurde durch das DENKEN DES EINEN ausgelöst. Der Ur-Gedanke enthielt, wie jeder Gedanke nach ihm, in sich die potenzielle

Möglichkeit zur unmittelbaren Manifestation. Jeder Schöpfungsmythos bedient sich dieses Wissens und erklärt im Zusammenwirken von Kräften, wie Manifestation/Schöpfung als ein "ins Dasein rufen" erfolgt. Hierin verbirgt sich die **Kraft des Wortes.**

"ES WERDE!" ist das Zwischenglied von Denken und Manifestation, es ist jener "Moment", der als "Hauch von Zeit" zwischen beiden nun nicht mehr als potenzielle, sondern als unmittelbare kreative Kraft liegt. Das Wort, das dem Denken entspringt, besteht aus jenen "Bilde-Kräften", die frei fließende - flüssige oder feurige - Materie im Augenblick zu binden vermögen. Voraussetzung für die göttliche Verwirklichung eines solchen Schöpfungsvorgangs ist jedoch die **absolute Reinheit von Gedanke und Wort.**

Der wirksamste und unmittelbarste Feind der augenblicklichen physischen Manifestation von Gedanken ist der Zweifel. Das mag bei negativen Gedanken tröstlich anmuten, doch sei hier angemerkt, dass böse Gedanken zumeist nicht von Zweifeln begleitet werden, dies widerfährt fast ausschließlich den sogenannten guten Denksystemen - und entsprechend sind die Verhältnisse in der Welt.

So wie **wir** denken, **muss** Gott denken, weil nichts außerhalb von ihm existiert. Das heißt aber auch, **wir** können denken, wie er im Anbeginn dachte. Und hier beginnen wir vielleicht entfernt zu verstehen, WAS GOTT IST. Jeder Versuch, ihn zu erklären, ist wie das kurze Aufblitzen eines Scheinwerfers, der für den Bruchteil eines Augenblicks den winzig kleinen Teil einer riesigen Ganzheit beleuchtet. Jeder Versuch, der Gott **nicht** zum ABSOLUTEN SEIN erklärt, bleibt nichts als ein gescheitertes Bemühen.

Wer wie Jesus ganz in Gott (der Ursprung, der VATER ALLES GUTEN), eingebettet ist, das heißt, sich im reinen Strom der Liebe befindet und nur Liebe denkt und aus dem Geist der Liebe spricht, manifestiert im Augenblick das Gute, das "Königreich Gottes", in dem alles heil ist, wo also Heilung im Augenblick des reinen Denkens - dem das Wort "Es werde (so sein) ...!" folgt - **geschehen muss.** Macht euch also immer bewusst, was ihr allein durch euer Denken, noch wichtiger aber durch euer Sprechen - das Aussprechen eurer Gedanken - bewirkt.

Ein einziges Wort der Lieblosigkeit oder gar des Hasses, der Verachtung, der Überheblichkeit, der Abwertung durch geistlose Sprechblasen und Floskeln, die man allzu leichtfertig und oft auch bewusst verletzen wollend dahinsagt, verletzt nicht nur den betreffenden Menschen, sondern schadet euch selbst in eurem Geist. Es ist "Materie verschmutzend" und manifestiert sich immer auf irgendeine Weise, die ihr gar nicht erahnen könnt, die ihr aber einmal als Folge des Gesetzes von Ursache und Wirkung (Karma) ausgleichen müsst. Ein Gedanke der Liebe aber, in Liebe ausgesprochen, reinigt die Materie, segnet den betreffenden Menschen und euch selbst und bewirkt göttliche Manifestationen, die der Vollkommenheit entstammen.

(In esoterischen Kreisen wird neuerdings behauptet, Karma, das Gesetz von Ursache und Wirkung, sei in unserer Zeit nun aufgelöst worden. Dies ist jedoch gewiss nicht der Fall, denn dieses Naturgesetz ist an die Polarität/Dualität gebunden. Und solange wir uns noch im physischen Zustand und in der Polarität befinden, erzielt jede Ursache, die wir setzen, eine Wirkung – oder anders ausgedrückt: Wir werden das ernten, was wir säen. Wie könnte es denn sein, dass die Untaten, die wir Menschen einander, den Tieren und der gesamten Schöpfung antun, was heutzutage geradezu apokalyptische Ausmaße angenommen hat, ohne Folgen für die Verursacher bliebe? Dieses Gesetz existiert im gesamten physischen Kosmos und auch in den der physischen Erde nahestehenden Astralebenen.

Ein Mensch ohne Karma ist einer, der am Ende seiner letzten physischen Inkarnation angekommen ist, oder jemand, der sich freiwillig, um den Menschen zu dienen, wiederverkörpert (zum Beispiel die sogenannten Aufgestiegenen Meister, wenn sie sich in einen physischen Körper begeben).

Das Licht und die Elemente

"ES WERDE LICHT" ist der Anfang der Schöpfung. Die Bibel meint nicht das Licht der Sonne, sondern das "Licht des manifestierten Sohnes". Wir nannten diesen Sohn "CHRISTUS" und an anderer Stelle "das dem Menschen zugeneigte göttliche Antlitz". Jesus, der sich als Träger dieses Lichtes und somit als "eingeborener Sohn" erkannte, durfte von sich sagen: ***"Ich bin das Licht der Welt, und wer mir nachfolgt, wird nicht in Dunkelheit wandeln, sondern das Licht des Lebens haben!"*** Was wären Welt und Menschen ohne dieses Licht? Die Erde - ein vergessener Planet. Das CHRISTUS-LICHT ist die reinste Essenz des Lebens – für den Menschen erfahrbar als "Flamme" –, die die Herzen der Mystiker und Gottsucher aller Zeiten und Kulturen entzündet.

Es ist mehr als ein Symbol, wenn die Überlieferung davon berichtet, dass die Sonne verdunkelte, als er - Jesus, das “lebendige Licht, die Quelle der Wahrheit” - am Kreuz sein Leben aushauchte und seinen Geist in das Herz des All-Vaters senkte. Ihm nachzufolgen heißt nicht, die gleichen Wunder zu wirken oder die Menschen wie er zu lehren und dafür Schmach und Tod zu erdulden. Nachfolge heißt, das “Licht des Lebens” in sich zu entzünden, das TELESMA-LICHT (= Christus-Licht), um Licht zu sein in der Finsternis der Welt. Dieses “Es werde Licht” ist ein ewig gültiger Appell an alle, die der Spur des Christus zu folgen bereit sind.

Durch das Wissen um den Atem können die Elemente deine Freunde werden. Der Mensch und die Elemente werden eines Tages zusammenarbeiten, und daraus wird für den Planeten etwas Wunderbares entstehen. Das Geheimnis besteht in der MACHT DES ATEMS und in eurer LIEBE DURCH ERKENNEN.

Die bekannten vier Elemente können ihre Natur nur durch das Wirken des fünften Elementes, des Äthers, entfalten. Dieser Äther ist das Prinzip der ersten Ursache - der Geist Gottes in der Schöpfung, das Ur-Licht. Aus dem zeitlosen und elementelosen "Ursache-Prinzip" fließt reine Energie durch alle Sphären und Planeten. Sie ist das Bindeglied zwischen allem - dem gesamten All und unserer Welt. Ohne das Zusammenwirken des Ur-Lichtes und der Elemente könnte - bis hinauf in den Bereich der Mentalebene - auf unserem Planeten nichts existieren. Die Elemente bilden als Organismus, der durch ihr Zusammenwirken entsteht, eine "alles zusammenhaltende Energie", das "kosmische Lebenselixier".

Durch die Aufspaltung des Bewusstseins in unterschiedliche Ebenen entstanden als Folge dieser schöpferischen Prozesse die vier Elemente mit den ihnen zugehörigen "Verstofflichungen": Vulkane und Brände (Feuer), das Pflanzenreich und der scheinbare Horizont mit dem "Raum darüber" (Luft), die Ozeane und Flüsse (Wasser) und das Element "Erde" aus den durch das Zusammenwirken von Luft, Feuer und Wasser entstandenen Prozessen. Es umfasst den Planeten selbst und die auf ihm lebenden Körper.

Hierbei wird uns bewusst, dass dem Element Erde eine zweifache Natur innewohnt: Einerseits existierte es lange vor den anderen Elementen als "Gussform" oder Matrix, in die hinein sich während des Schöpfungsprozesses die einzelnen Elementeformen "ergossen" beziehungsweise sich darin entwickelten, so dass sich, wie soeben beschrieben, aus dem Aufeinandertreffen und Zusammenwirken dieser separaten Kräfte das entwickeln konnte, was wir als die eigentliche Schöpfung zu erkennen meinen. Andererseits, wenn wir die Welt mehrdimensional betrachten, können wir erkennen, dass die vier Elemente nicht nur in ihr existieren, sondern auch in den Organismen, insbesondere natürlich in den höher entwickelten Lebensarten. Diese Kräfte sind verantwortlich für das, was Evolution wirklich ist, also die Höherentwicklung des Menschen hinein in den Bereich des Geistigen.

Im menschlichen Körper sind die Elemente mit verantwortlich für seine Gesundheit: Die Beine - bis hin zum Steißbein - gehören zum ERDELEMENT. Die Leber, der Magen, die Milz und der gesamte Verdauungsapparat sind dem ELEMENT

WASSER zugeordnet. Der Bereich des Atems (mit den Lungen) erstreckt sich bis hin zum Hals und gehört zum ELEMENT LUFT. Der Kopf mit den Kräften des Verstandes entspringt dem ELEMENT FEUER. Es handelt sich um fließende Energien, die sowohl erzeugen als auch zersetzen, die aufbauen und "alles mit allem" verbinden.

Wenn wir diese Darstellungen vertiefen, kommen wir unweigerlich zu einem Punkt, der viele Menschen beschäftigt: Welchen Einfluss haben die planetarischen Einwirkungen auf den Menschen? Wäre denn die bewusste Entwicklung hin zum "Purusha", dem göttlichen Menschen, auch nur ansatzweise gerechtfertigt, wenn er nichts anderes wäre als ein wehrloser Spielball zwischen den Elementen und dem Einfluss der Planetenkräfte? Wenn ein Mensch bestrebt ist, ein höheres Bewusstsein zu entwickeln, ist er diesen Dingen überhaupt nicht ausgesetzt, wie die heutige Astrologie dies glauben macht, denn der Mensch kann charakterliche Schwächen, die das Horoskop angeblich zu erkennen gibt, mithilfe seines höheren Bewusstseins jederzeit überwinden.

Wollen wir uns also der Astrologie annähern, müssen wir verstehen, dass die Elemente in den feinstofflichen Dimensionen Energien - die wir vereinfacht die "geistigen Elementeengel" nennen - erzeugen, die alle Planeten in ihrem Kreislauf bestimmen. Wir sprechen hier natürlich nicht mehr von den physischen Elementen wie Erde, Wasser, Luft und Feuer, sondern von feinstofflichen Atomen, die in ihrer Ausstrahlung Schwingungen der Wärme, der Feuchtigkeit und der Trockenheit erzeugen. Diesen Kräften dienen die "Engel der physischen Sektion". Die daraus entstandenen Energiezusammensetzungen sind mitbestimmend für unser Klima, für Wärme, Kälte, Feuchtigkeit oder Trockenheit und somit für das Leben auf der Erde ganz allgemein.

Es ist also unsinnig, irgendwelche Planetenbahnen zu berechnen und sie in Bezug zu - vom Standpunkt des Kosmos aus betrachtet - solch unwichtigen Größen wie dem Einzelschicksal eines Menschen zu setzen. Es geht hierbei um große globale Kräfte, um atomare Verdichtungen unbegreiflichen Ausmaßes, welche Auswirkungen auf die Kräfte im

Kosmos haben. Die Astrologie müsste also von umgekehrten Vorzeichen ausgehen, als sie es heute tut. Nicht die Gestirne haben Einfluss auf den Menschen, auf die Umstände seiner Geburt, auf seine besonderen oder nicht vorhandenen Fähigkeiten und auf seinen Charakter, sondern Einfluss haben jene von den kosmischen Elementen erzeugten feinstofflichen Energien; sie bestimmen die Planeten in ihrem Kreislauf und auch die Entwicklung des Menschen. Somit ist der Mensch nicht von den Planetenkräften abhängig, sondern er teilt das Schicksal der Abhängigkeit von den kosmischen Elementen mit ihnen und ist somit Teil der kosmischen Gesetzmäßigkeit.

Zumeist lähmt der Blick auf das Horoskop den Menschen in seiner Entwicklung, anstatt ihm Hilfestellung zu geben, weil es selten ermutigt, sondern zumeist Astrologenlatein auftischt. Es gibt ja heute im Westen keine Schule mehr, die die wahre Astrologie der alten Einweihungsschulen lehrt. Macht euch die Mühe und geht mit einem erfundenen Problem zu vier verschiedenen Astrologen, und ihr werdet verstehen. Dies alles sind Resultate falsch angewandter geistiger Gesetze, und je mehr man den "Kosmos" mit ihnen vollpfropft, umso unbarmherziger "schlägt" er mit seinen Waffen der ausgleichenden Gerechtigkeit zurück.

Die Gedanken sind ja keine abstrakten Größen, sondern messbare Energien, die "rückwirkend" auch die Elemente im Kosmos beeinflussen. Ein Beispiel: Das gesamte menschliche Gedankengut - zusammen mit seiner gesunden oder, wie es leider wesentlich öfter geschieht, umweltverschmutzenden Natur und deren Ausstrahlung - beeinflusst nicht nur, sondern **erzeugt** das Wetter.

Je mehr sich der Mensch also dieser Dinge bewusst wird und begreift, dass alles Schwingung und Energie ist, wird er sich endlich auch darüber klar werden, wie viel er als Individuum zum Allgemeinwohl beitragen und inwieweit er die Natur beeinflussen kann. Er wird lernen, wie er Gutes beziehungsweise Schlechtes erzeugen kann. Dazu braucht er nicht die Hilfe eines Horoskops, sondern muss sich "nur" auf seine inwendige Göttlichkeit besinnen. In diesem Sinne sollten Astrologen ihre Klienten beraten.

Elemente-Meditation

Meditation bedeutet “Nachsinnen”, bis man den “Sinn” findet. Nur mit ihrer Hilfe können wir lernen, die Grenzen, die der Verstand uns setzt, aufzuheben beziehungsweise zu überwinden, damit das Unbewusste und das Bewusstsein zur Harmonie in unserem Inneren gelangen. Wenn wir selbst harmonische Gedanken erzeugen und aussenden, teilt sich dies unmittelbar dem uns umgebenden Äther mit. Meditation bildet eine unversiegbare Quelle, aus der wir alle Energien schöpfen können, die wir benötigen, um unsere Begrenztheit aufzulösen und uns zur Gänze für Gott zu öffnen.

Kein Mensch, der im Begriff ist, sein höheres Bewusstsein in der rechten Weise zu entwickeln, ist den planetarischen Einflüssen durch die Elemente ausgeliefert. Es wäre dies die gleiche Unmöglichkeit, wie wenn einer behauptete, er wäre in eine schlechte

Umgebung hineingeboren - und deswegen sei sein Weg hin zum Verbrecher vorbestimmt beziehungsweise vorgezeichnet. Es ist genau umgekehrt: Es wird jemand in eine bestimmte Konstellation hineingeboren, **damit** er sich anders - zum Guten hin - entscheiden kann. In jedem Menschen wirkt die Einsicht in Form des Gewissens. Dieses Gewissen ist in seinem tiefen Grund frei von äußeren Einflüssen, weil es Bestandteil der innewohnenden Seelenkraft und ein "Anhängsel" des Kausalkörpers ist. Nur auf der äußeren Oberfläche ist es beeinflussbar von der Erziehung, den vorherrschenden Meinungen und Konzepten.

Wer lernt, in die Tiefe zu leben, was nur in der Meditation möglich ist, wird leicht Zugang zu jenem Korrektiv finden, das im Innersten, "in des Wesens Grunde", wirkt, von wo aus es seine Impulse in jenen Wahrnehmungsbereich sendet, den wir als "Gewissen", als die uns innewohnende Weisheit erkennen.

Die Gedanken der Menschen sind Energien, die die Wirkelemente im Kosmos beeinflussen. Der

Kosmos lebt also von den Schwingungen und Energien, die von den Intelligenzen in den interstellaren Räumen erzeugt werden. Sie sind mit "Vernunft" begabt und beeinflussen die Planeten und ihre Elemente - und nicht umgekehrt, wie die heutige Astrologie dies lehrt. Alles dort beruht auf Schwingung, welche die Energien erzeugen, die das Leben per se bestimmen. Diese Energien sind abhängig von der Wirkweise der Elemente - im feinstofflicheren Bereich der Atome ebenso wie im grobstofflichen Bereich der vier Elemente.

Aus dem zeitlosen und elementelosen URSACHE-PRINZIP fließt die reinste Energie durch alle Planeten und Sphären. Diese Energie ist das Bindeglied zwischen allen Planeten - einschließlich der Erde - und den auf ihr und anderen Planeten lebenden Organismen und Intelligenzen. Ohne das Zusammenwirken des UR-LICHTES, das dem UR-SACHE-PRINZIP entströmt, und der Elemente, die jeweils von eigenen Intelligenzen, den sogenannten "Elementeengeln" gesteuert werden, könnte nichts, auf keiner Ebene des Seins, existieren. Diese Engel bilden, um dies in einem fassbaren Begriff auszudrücken, jene alles zusammenhaltende Energie, die aus der Mentalebene der ERSTEN URSACHE - dem UR-GEDANKEN - über alle Planeten bis hin zu unserer Welt das KOSMISCHE LEBENSELIXIER darstellt. In der Meditation nun kann jedes einzelne Element mit seiner individuellen Intelligenz (dem jeweiligen Elementeengel) fühlbar und damit erfahrbar gemacht werden. Bevor wir mit der eigentlichen Meditation beginnen, wollen wir die einzelnen Elementekräfte, die unser Leben und unsere Gesundheit beeinflussen, im Einzelnen erspüren:

Die BEINE - bis hin zum Steißbein - gehören zum ERDELEMENT.

Die LEBER, der MAGEN, die MILZ und der gesamte VERDAUUNGSAPPARAT sind dem ELEMENT WASSER zugeordnet.

Der Bereich des ATEMS (mit den Lungen) erstreckt sich bis hin zum Hals und gehört zum ELEMENT LUFT.

Der KOPF mit den Kräften des Verstandes entspringt dem ELEMENT DES FEUERS.

Es handelt sich hierbei um fließende Energien, die sowohl erzeugen als auch zersetzen, die aufbauen und alles mit allem verbinden können.

Meditation

Wenn wir nun über die physischen Elemente Erde, Wasser, Luft und Feuer hinausgehen, müssen wir unser Bewusstsein auf jene feinstofflichen Atome lenken, deren Analogien die physischen Kräfte darstellen, die ihrerseits jedoch gespeist werden vom UR-LICHT, das dem URSACHE-PRINZIP entströmt. Wir können diesen Kreislauf unmittelbar wahrnehmen, wenn wir uns über das Bewusstsein nach und nach meditativ auf die unterschiedlichen Energieebenen einschwingen.

Dabei rufen wir zunächst die einzelnen Engelkräfte an, um mit ihrer Hilfe - sie bilden eine Art Brücke zwischen den einzelnen Ebenen - Zugang zu den formativen kosmischen Kräften (die auch in unserem Leben formativ wirken) zu bekommen.

Elemente-Engel physisch

Wasser	-	TALIAHAD	Erzengel SANDALPHON
Feuer	-	ARAL	
Luft	-	CHASSAN	
Erde	-	PHORLAK	

Elemente-Engel geistig

Wasser	-	GABRIEL	Erzengel METATRON
Feuer	-	MICHAEL	
Luft	-	RAPHAEL	
Erde	-	URIEL	

Jetzt sollten wir uns der Frage öffnen, welche Kräfte (Energien) wir im Augenblick am dringendsten benötigen, in welchem Teil unseres Körpers also ein Energiemangel herrscht. Dazu erforschen wir nun im Hinspüren die einzelnen Bereiche:

Der Kopf mit den Kräften des Verstandes - ENGEL ARAL.
Der Bereich des Atems mit den Lungen bis hin zum Hals - ENGEL CHASSAN.

Die Leber, den Magen, die Milz und der gesamte Verdauungsapparat - ENGEL TALIAHAD.

Die Beine bis hin zum Steißbein - ENGEL PHORLAK.

Wo immer wir also einen Mangel oder einen Überschuss (der an einer anderen Stelle Mangel erzeugen kann) wahrnehmen, bitten wir den entsprechenden Engel nun um einen **Energieausgleich**, damit das Energiepotenzial in uns genauso harmonisch schwingen kann wie zwischen den einzelnen Engeln, die ja nicht in Konkurrenz, sondern in befruchtender Koexistenz und Interaktion zueinander stehen.

Wir verharren solange wie nötig in den einzelnen Körperregionen. Es kann sein, dass sich dort sehr rasch ein gewisses Unwohlsein einstellt, Husten oder plötzlich aufkommende Schmerzen. Je intensiver die Reaktionen, umso leichter auch der Energietransfer in die notleidenden Stellen (dankt also dem "Ungemach", das euch plötzlich befällt!).

Erst wenn wir das Gefühl haben, dass wir mit Hilfe der Elementeengel-Kräfte eine Harmonie in unseren physischen Körperempfindungen erreicht haben, erklimmen wir die nächste Bewusstseinsstufe: Wir sehen unseren Körper als jenen Makrokosmos, den ADAM KADMON, der, wie der von Meister Leonardo geschaffene "kosmische Mensch", mit ausgestreckten Armen und Beinen den ganzen Kosmos umfasst.

In diesem großen Zusammenhang werden nun auch unsere Empfindungen in den einzelnen Körperregionen "größer": Der Kopf ist nicht mehr nur Heimat unseres Verstandes und des physischen Feuerelementes, sondern Teil des feurigen Ur-Elementes, das die "Gedanken Gottes" als Energiebahnen durch den Kosmos lenkt. - Wir rufen MICHAEL, die Ur-Kraft, die die Feuerkräfte lenkt ...

Nun sind wir über den Atem ganz mit dem **göttlichen Atem** verbunden, unsere Lungen atmen das PRANA, das der nun von uns durch Invokation herbeigerufene RAPHAEL als Ur-Kraft seit Anbeginn durch den Kosmos lenkt ...

Unsere Konzentration geht zum Hara-Raum (Bauchraum) und den Organen in unserem "Wasserzentrum". Wir rufen GABRIEL, der die Kräfte des Wassers, die die zersetzenden und aufbauenden Kräfte im Kosmos sind, seit Anbeginn lenkt ...

Nun sind wir zur Gänze Teil des Kosmos geworden und sehen uns als Intelligenzen zwischen den Planeten schweben, von denen jeder ein Universum für sich bildet, das von URIEL geleitet und mit kosmischen Kräften versorgt wird. Wir werfen einen Blick auf das blaue Juwel, Gottes schönstes Haus im kosmischen Raum (unsere Erde), und erkennen, wie es sanft und behütet in URIELS Hand ruht ...

Nun kehren wir langsam wieder von unserer Reise in den Kosmos zurück, spüren, wie wir wieder auf der Erde landen, auf unserem Kontinent, in unserem Wohnort, von unserem Schutzengel geleitet. Wir gehen wieder zurück in unseren Körper, spüren noch einmal sanft durch ihn hindurch und öffnen die Augen ...

Wir lassen uns mit dem Nach- und Aufarbeiten des Erlebten Zeit ...

Die Kreativen unter euch finden nun einen improvisierten Übergang, um alle Anwesenden einheitlich in die FREUDE zu führen. Wir feiern die kosmischen Engelkräfte durch Musik und Tanz, wobei wir jedem der acht Engel eine individuelle Musik und/oder einen aussagekräftigen Tanz widmen ...

Wir lassen dabei unsere eigenen Körpererfahrungen von vorhin einfließen, so dass wirklich jeder Anwesende (s)ein eigenes Dankritual kreieren kann, das dann in ein Gemeinschaftsritual, in dem wir die göttlichen Hierarchen METATRON und SANDALPHON als die koordinierenden Kräfte des "Wie-oben-so-Unten" feiern, einfließt ...

Heilung

"Wer sich mit Blüten beschäftigen will,
darf die Wurzel nicht zerschneiden!"
Sung Tschung

Mit den folgenden Ausführungen stimmte uns Saint Germain auf die "Feldforschung" ein. Denn wir durften in dieser Woche die Natur und die "Natur hinter der Natur" nicht nur theoretisch, sondern auch praktisch unter seiner Anleitung entdecken und sie uns – im Einklang mit ihr! – nutzbar zu machen.

"Krankheit ist einzig und allein korrektiv. Sie ist weder rachsüchtig noch grausam. Vielmehr ist sie ein Mittel, dessen sich unsere Seele bedient, um uns auf unsere Fehler hinzuweisen, um uns davor zu bewahren, größeren Irrtümern zu verfallen, um uns daran zu hindern, größeren Schaden anzurichten, und um uns auf jenen Pfad der Wahrheit

und des Lichtes zurückzuführen, den wir nie hätten verlassen sollen."

Dr. Edward Bach

Der Jesus-Satz *"Nicht ich, sondern dein Glaube hat dir geholfen"* ist für jede Heilung nach wie vor von eminenter Bedeutung. Jeder, der das Licht in sich zu entzünden vermag und dem Mitmenschen dient, mehrt das Glück auf der Erde. Wenn solches Tun das Herz eines anderen Menschen berührt, kann er dadurch glauben lernen, dass die "Anerkennung der Vollkommenheit" zugleich das **Anerkennen der einzigen Wirklichkeit seines Lebens** bedeutet. Und wenn er auf diese Weise begreift, dass Christus keine abstrakte Größe oder ausschließlich an Jesus gebunden ist, sondern **Teil seiner eigenen Wirklichkeit**, weit über allen Religionen und Konfessionen stehend, und dass der Satz "Ich bin das weiße Christus-Licht" (der erste Satz eines Gebetes, das uns Saint Germain durchgab und das im Buch *Saint Germains Vermächtnis. Ein westlich-abendländischer Einweihungsweg* eine zentrale Bedeutung hat) Weg und Ziel des Lebens beinhaltet, kann diese Aufforderung zur Nachfolge im Augenblick

Wirklichkeit sein mit allen befreienden Konsequenzen, die Jesus verhieß: das Leben zu haben in Ewigkeit. Das meint die Auflösung aller Schuld, allen Leides, aller "Sünde" (= Absonderung), das meint die BEFREIUNG. Erlösung, Befreiung heißt, dass die "Herren des Karmas" den schweren Folianten schließen, jenes "Buch", das jeden Gedanken, jedes Wort, jede Tat dieses Menschen aufbewahrte bis zu dieser Stunde, da er "sehend wurde im Licht".

Dr. Edward Bach wusste sich eins mit dem Wesen und der Seele der Schöpfung und erkannte den Atem der Schöpfung in seinem eigenen – und umgekehrt. Er entdeckte in der Beobachtung beider die entscheidenden Impulse, die dem Prinzip Heilung innewohnen. Durch die "Reparatur" der aus dem Gleichgewicht geratenen "Schaltzentrale" – des Hypothalamus und des limbischen Systems – und durch die Rückverbindung zu deren kosmischem Äquivalent war er in der Lage, die gestörten, unterbrochenen oder beschädigten Verbindungsleitungen zwischen beiden wiederherzustellen. Er fand heraus, dass ein Mensch, der mit seinem kosmischen Äquivalent schwingt, niemals krank sein oder krank werden kann. Dies war jener Ausgangspunkt, der ihn schließlich zur Verfestigung seiner Erkenntnisse und Thesen führte. Alles dies ist sowohl in seinen eigenen Aufzeichnungen wie auch in ausgezeichneter Sekundärliteratur nachzulesen.

Der große englische Arzt Dr. Edward Bach, Erfinder und – vielleicht richtiger ausgedrückt – "Erinnerer" der Bach-Blüten-Therapie, war im 18. Jahrhundert auch einer der Schüler Saint Germains. Letzterer war ebenfalls ein genialer Arzt, was weniger bekannt sein dürfte. Er stellte das, was wir heute Bach-Blüten nennen, damals selbst her und wandte sie hilfreich an.

Ein wichtiger Bestandteil dieser Selbsterkenntnis ist die Kenntnis der Natur des vegetativen Systems, das kein autonomes Dasein im Menschen führt, sondern von ihm über den Atem reguliert werden kann.

Der Atem ist Ausgangspunkt allen Lebens und auch jenes Korrektiv, das Störungen im vegetativen System über das Bewusstsein auszugleichen vermag.

Wenn man sagt, das vegetative System sei gänzlich autonom und vom Menschen nicht zu beeinflussen, so ist dies altes, westliches Denken, das die Erfahrungen der indischen Yoga-Praxis entweder ignoriert oder überhaupt (noch) nicht zur Kenntnis genommen hat.

Dr. Bach stellte nun fest, dass die Spannungen zwischen dem "inneren Tier", das über das "Althirn" re(a)giert, und der verinnerlichten Zivilisation, dem "kulturtragenden Element" im Menschen, das seine Impulse vom "Neuhirn" erhält, sehr leicht zu somatischen Verstimmungen führen können. Menschen erleben in einem solchen Spannungsfeld Verdauungsprobleme, Schlaflosigkeit, Herzklopfen, verschiedene Verspannungssymptome und seelische Wechselbäder.

Als verbindendes Element zwischen Alt- und Neuhirn ist der Hypothalamus dazwischengeschaltet, der auch als das "Hirn des Hirns" bezeichnet wird. Er hat die schwierige Aufgabe, das Instinktgeborene mit den lose darübergestülpten – und dem "menschlichen Tier" fremden – Zivilisationserscheinungen zu koordinieren. Und immer, wenn die Instinkte reagieren, zum Beispiel bei Furcht und allen anderen Angstsymptomen, bei drohender oder auch bei vermeintlicher Gefahr, bei sexueller Enthemmtheit und so weiter, sendet er Notsignale:

Arbeitet das **vegetative Nervensystem** in ungestörter (= gesunder) Weise, findet augenblicklich eine Reaktion statt. Die Atmung verändert sich, wird flach und schnell, Finger und Füße werden kalt, der kalte Angstschweiß rinnt, die Kehle schnürt sich zu, die Pupillen erweitern sich, man wird "blind vor Wut", die Haare stehen einem zu Berge, die Muskeln werden hart, das Zwerchfell verkrampft sich, der Herzschlag rast, höchste Potenz oder Impotenz stellen sich ein und so weiter.

Auch das **endokrine Drüsensystem** erhält über die Hypophyse die nötigen Signale und leitet diese an die beteiligten Drüsen weiter, wobei auch hier unterschiedliche Reaktionen auftreten können: Je nach Zustand und/oder Auslöser reagiert die Schilddrüse mit einem Anstieg des Kalorienverbrauchs.

Der **Thymus** wirkt über das **Immunsystem.** Wird dieses geschwächt, kann zum Beispiel ein Infekt ausbrechen, oder die Nebennierenrinde erhält Impulse zum verstärkten oder geschwächten Ausstoß von Hormonen, die im Falle von Kortisonen oder Steroiden Entzündungen augenblicklich bekämpfen können. Besteht eine Ausgewogenheit im Zusammenspiel aller beteiligten Drüsen des endokrinen Systems, wird das Gleichgewicht zwischen ihnen durch blitzschnelle Reaktionen auf einem einheitlichen Niveau gehalten: Das Nebennierenmark schüttet bei Erregung Adrenalin ins Blut; die Geschlechtsdrüsen reagieren bei Erregung und bringen den Menschen, sofern sie sich unausgewogen zu den Geschwisterdrüsen verhalten, zu unkoordinierten, spontanen sexuellen Handlungen. Sobald der auslösende Impuls wieder aufgelöst ist, kommen die Beteiligten wieder zur Ruhe, die Drüsen haben sich "entleert", indem sie ihre Inhalte/Substanzen ausgeschüttet haben, und auch das somatische System und das Vegetativum kehren in ihre Ruhelage zurück. Der nächste Reizimpuls lässt oft nicht lange auf sich warten, und das Spiel beginnt von neuem. Der Mensch kommt dabei nie wirklich zur Ruhe, er verausgabt sich in allerlei Erregungen und findet dabei keine Möglichkeit, sich wirklich zu entspannen oder abzureagieren.

Das Althirn befindet sich ununterbrochen im Zustand einer unnatürlichen Spannung. Einzig der Rückzug in die Stille, in den ruhigen Raum der Konzentration, Kontemplation und Meditation lässt Alt- und Neuhirn wieder in voller Harmonie zusammen schwingen.

Dieses ganze Geschehen hat natürlich Entsprechungen im Geist-Körper, der seine Grundnahrung aus der Vitalität des physischen Körpers (be)zieht. Nur ein gesundes Wechselspiel zwischen "Außen" und "Innen" hält den Menschen im Gleichgewicht, was unabdingbar für seine körperliche und geistig-psychische Gesundheit ist.

Ideale finden nur dann Eingang in den Geist, wenn er von einem "höheren Geist" geführt wird. Was der Mensch denkt und isst, das wird er. Die spirituelle Reinigung beginnt, wenn sich der Geist im Einklang mit dem Hohen Selbst befindet. Wenn er zur grundlegenden Verwandlung bereit ist, ist sich jede Körperzelle dieses Wunsches bewusst, und die Veränderungen werden auch körperlich spürbar.

Die sieben spirituellen Zentren (Chakras) sind Kontaktpunkte des Göttlichen im Menschen. Er erfährt durch den oben angesprochenen Reinigungsprozess eine Steigerung der Aktivität in allen diesen Zentren. Es findet dabei eine Anhebung der Schwingungsintensität statt: Die sieben Zentren verströmen ihre Energien und Hormone nun in den gesamten Körper. Aus einer konstruktiven Einstellung ergeben sich chemisch-geistige Veränderungen. Die Zunahme der Hormonsekretion im Blut zum Beispiel bringt größere Ausgeglichenheit in Körper, Geist und Emotionen.

Wenn ein Mensch sich im tiefen Zustand der Meditation befindet und seinen Geist im Gebet auf die göttlichen Kräfte konzentriert hält, beginnen sanfte Energien aus den Keimdrüsen aufzusteigen, was als Vibration am Ende der Wirbelsäule - im Luz-Knochen - wahrnehmbar ist. Werden diese

Übungen konsequent fortgesetzt, beginnt die ganze Region langsam zu erwachen. Ein umfassender Transformationsprozess kann nun seinen Anfang nehmen.

Wenn sich die göttliche Energie ungehindert durch äußere Einflüsse bis zur Hypophyse und Epiphyse erhebt, kann sich ein Gefühl des "inneren Glühens" (oder um mit meinem Schüler Carl von Eckartshausen zu sprechen: das "innere Gluten") einstellen, so, als ob der gesamte Körper von Licht erfüllt und durchscheinend wäre.

Es ist das Epiphysezentrum, durch das der Meditierende allmählich zur Christusgegenwart hin orientiert wird. Diese Christus- oder Telesma-Kraft fließt dann in die Hypophyse, von wo aus sie "herabströmt" (wir vermögen dabei auch an die Analogie im kabbalistischen Lebensbaum zu denken) und Körper und Geist reinigt und stärkt.

Es ist also notwendig, dass diese "vergeistigten Wogen" **täglich** in Bewegung gehalten werden, damit das Wachstum konstant bleibt. Denn, genau wie der physische Körper an Kraft verliert und schwach wird, wenn er nicht täglich seine gesunde, ausgewogene Nahrung erhält, so wird auch der geistige Körper geschwächt, wenn er nicht sein "täglich Brot" erhält. Die Kräfte, die in der Meditation zu fließen beginnen, können auch als jenes "tägliche Brot" angesehen werden, von welchem das Vaterunser spricht. Und wir verstehen dann, dass der Jesus-Satz "Ich bin das Brot des Lebens" nur in der Meditation, durch das Erkennen des innewohnenden Christusbewusstseins, verstanden werden kann.

Doch kehren wir wieder zurück zu Dr. Bach und seinen Erkenntnissen. Begegnen sich Wasser und Licht, entsteht die Himmelsbrücke in Gestalt eines Regenbogens. Das Licht dringt in die Materie ein, entfaltet sich und wird so dem bloßen Auge in seinen sieben Farbaspekten sichtbar. Die Alchemisten bezeichneten die sieben Spektralfarben als "planetarische Himmelsleiter, die zu den sieben Gestirnen führt" - eine Analogie zu den sieben Stufen der Persönlichkeitsentwicklung zum Hohen Selbst, was sich auch in den vorangegangenen Zeilen ("Die sieben spirituellen Zentren sind Kontaktpunkte des Göttlichen im Menschen.") verbirgt.

Und wir wissen, dass auch die Kabbala und andere spirituelle Traditionen einen ähnlichen Entwicklungsweg beschreiben. Immer begegnen wir dabei den **sieben Grundzügen der menschlichen Seele** und ihren übergeordneten Entsprechungen.

Im Kundalini-Luz-Weg erkennen wir im Symbol von Shiva und Shakti die Polarität von Feuer und Wasser. Wenn sie einander in Liebe begegnen, befruchtet der hitzige, männliche Lichtstrahl das kühle, weibliche Wasser, das sich nun "erwärmt" und "nach oben erhebt" - die Polarität wird in der Vereinigung aufgehoben. Auch im Gralsmythos begegnen wir solchem Wissen in den Symbolen von Lanze und Schwert. (Die Kundalini ist das Thema der nächsten Veröffentlichung.)

Überall werden heilige Quellen verehrt, und an solchen Orten der Reinigung und Läuterung (= der Heilung und Wiedergeburt) findet stets eine Vermählung von Wasser und Licht (Feuer) statt, das Symbol aller Einweihung. Auch Mozarts Oper "Zauberflöte" vermittelt einen Eindruck hiervon, und es waren insbesondere die Freimaurer, die das initiatische Ritual der Feuer- und Wassertaufe bis in die heutige Zeit in ihrem tiefen Sinngehalt zu bewahren wussten.

Wasser ist also Trägersubstanz des Lebens und besitzt ein unfehlbares Gedächtnis.

Samuel Hahnemann (Begründer der Homöopathie) stellte fest, dass " ... *rhythmisches Schütteln die in der Materie gebannten dynamischen Kräfte löst und auf das Wasser überträgt. Das flüssige Medium nun besitzt ein Erinnerungsvermögen, so dass die Schwingungen der beigegebenen mineralischen, tierischen und pflanzlichen Stoffe potenziell erhalten bleiben, auch wenn die Verdünnung so stark ist, dass Stoffliches im Wässrigen nicht mehr zu finden sei ...*"

Dr. Bach ging nun einen großen Schritt weiter. Er fand in der Verbindung mit den Geistern der Pflanzen, den DEVAS, jene "Gedächtnisstützen", welche die "Botschaft der Pflanze", ihre **Signatur**, an das wässrige Trägerelement weitergaben oder ihm "einprägten". Er schrieb darüber: "*Genau genommen liegt die Wirkung der Essenzen auf der Ebene der dahinter gestaltenden Ideen, der sogenannten Ur-*

Bilder (die C. G. Jung Archetypen nannte): *Sie können dem den Menschen umschließenden Ätherleib ordnende Impulse vermitteln und der schlummernden Seele die Erinnerung an ihre göttliche Natur wieder wachrufen ... Und so hat die Krankheit in Anwesenheit des richtigen Mittels nicht mehr Macht über den Menschen als die Dunkelheit in einem Raum, dessen Fenster dem Sonnenlicht weit geöffnet werden ...*" Und an weiterer Stelle: "*... dass sich die Vegetation in ihrer Ausgestaltung und Ausstrahlung keineswegs von der jeweiligen Bodenbeschaffenheit, dem lokalen Klima, der Höhenlage und den anderen Standortfaktoren isolieren lässt, denn eine Pflanze ist kein in sich autonomes Egowesen, sondern ein liebevoller Ausdruck der sie umgebenden und ihr innewohnenden formativen Kräfte, und das ganze Umfeld, auf dem sie gedeiht, trägt zu ihrer vibrationellen Eigenart bei. Gepaart mit der Qualität des Wassers, in dem die Blüten präpariert werden, äußern sie ihre ganze Seelenqualität und geben sie nun dem 'Gedächtnis des Wassers' anheim ...*"

In einem Buch über Dr. Bach ist zu lesen: *"Der Weg des Dr. Bach ist ein Initiationsweg, ein alchemistischer Weg, ein* Opus Magnum, *in dem er 'gemeinen Kot' tatsächlich schrittweise in das heilende Lebenselixier transmutierte. Seine Suche war eine Odyssee, die ihn am Rande des Todes vorbeiführte und ihn in die Gefilde der Ahnen sehen ließ, wo ihm Erkenntnis zuteil wurde ... Der wahre Heiler, sei es der Schamane oder die alte, weise Kräuterfrau, geht 'tief in den Wald', um das heilbringende Mittel zu finden. Dies ist symbolisch zu verstehen, denn meist findet der Heiler, genau wie Dr. Bach, seine Pflanzen unmittelbar vor der Haustür, im Garten oder am nahen Wegrand (und nicht in fernen Gegenden, die deine Aura nicht fühlen kann). Dennoch dringt er 'tief in den Wald' vor, in jene wilden, unbekannten Gebiete des Bewusstseins, die für die meisten das dunkle Unbewusste darstellen. Durch schmerzhafte Einweihungen und ungewöhnliche Erfahrungen ist der Heiler mit diesen Regionen jenseits des Zaunes der Zivilisation (= der angelernten Verhaltensmuster und Vorstellungen) vertraut geworden. Er ist sensibilisiert, sein Panzer ist rissig geworden, so dass das Licht nun hereinströmen kann. Er nimmt wahr, wo andere stumpf sind."*

Edward Bach also hat sich sehr tief in den "Wald" hineingewagt, um die Heilquelle und den von den Gestirnen beschienenen Platz zu finden und um das "verborgene Heilkraut" zu pflücken. So wollen wir, unseren Möglichkeiten und unserem Wissensstand entsprechend, nun versuchen, in seine Fußstapfen zu treten.

"Wenn man in unserer heutigen Zeit behauptet, dass diese Blüten alle Krankheiten heilen können, ist es notwendig hinzuzufügen, dass dies nur für jene gilt, die wirklich gesund werden wollen. Denn unter den gegenwärtigen Umständen bringt Krankheit häufig Vorteile mit sich, die der Patient in manchen Fällen nicht gerne verlieren möchte. Vielleicht bringt die Krankheit Sympathie oder Aufmerksamkeit ein, oder sie erspart es ihm zu arbeiten, oder sie gibt ihm ein Mittel in die Hand, sich einer unangenehmen Pflicht zu entziehen; vielleicht bedeutet das Kranksein auch finanzielle Vorteile wie Pension, Schadensersatz oder Schmerzensgelder und so weiter."

Dr. Edward Bach

Die von Dr. Bach ausgewählten und ausgebildeten Therapeuten mussten folgende Qualitäten mitbringen: Einfühlungsvermögen in jeden Patienten, Toleranz, Menschenkenntnis, das wahre Bedürfnis, anderen zu helfen (das heißt, frei von jedem Helfersyndrom zu sein), sowie einen gesunden Menschenverstand.

Oberstes Ziel der Bach-Blütentherapie ist, dass der Mensch in Eigenverantwortung den Weg zur Heilwerdung findet.

Es wird manchmal gesagt, dass die Bach-Blüten nicht wirklich helfen würden. Natürlich ist Medizin zumeist wirkungslos, wenn man sie nur ein- oder zweimal einnimmt, denn sie kann ihre Wirkung doch erst entfalten, wenn sie ganz vom Organismus und den entsprechenden feinstofflichen Bereichen aufgenommen und dahin geleitet wird, wo sie ihre Aufgabe erfüllen soll. Zur Wirkweise der Bach-Blüten sagte uns Saint Germain, dass einige der Blüten (Namen nannte er nicht) über das sogenannte Althirn wirken würden, und das sei ein Prozess, der mehrere Monate dauern würde, bevor die heilende Wirkung der Blüte einsetzen könne.

Ich sagte an anderer Stelle, dass den Erkenntnissen von Dr. Bach nichts hinzuzufügen sei, weil er mit seinen Entdeckungen das ganze Spektrum der psychosomatischen Verhältnisse abgedeckt hat. Unter diesem Aspekt mag es nicht einleuchtend erscheinen, wenn wir uns nun selbst auf Spurensuche nach "unserem Kraut" begeben, wenn wir uns finden lassen wollen vom Geist jener Pflanzen, die wir gerade jetzt brauchen. Doch:

1. Über den Einwand hinaus, dass man der Einfachheit halber doch gleich zu einer Bach-Blüte - mit eventuell dem gleichen Effekt - greifen könnte, möchte ich euch an die Eigenverantwortung erinnern, die Dr. Bach selbst einforderte. Wir wollen mit unseren Versuchen und Erfahrungen nicht über Dr. Bach hinausgehen, sondern in direktem Kontakt mit den Pflanzen, die uns täglich umgeben - sei es an der Hauswand, in einer Wiese, am Waldrand und so weiter -, die Schwingungsqualität wahrnehmen lernen, die den Pflanzen eigen ist. Zunächst werden wir nur dies üben.

2. Im weiteren Verlauf wollen wir diese Wahrnehmung behutsam zu steigern versuchen, bis wir eine zarte Korrespondenz zwischen den Pflanzen und unserem Schwingungskörper aufzuspüren vermögen. Diese Wahrnehmungen wollen wir wiederum behutsam auf einen Punkt in unserer Wahrnehmung konzentrieren, so dass uns Unterschiede in den einzelnen "Frequenzen" bewusst werden, die wir langsam zu differenzieren lernen, bis wir zu jener eindeutigen Zuordnung finden, die "unsere" Pflanze als urpersönlichstes Hilfs- und Ausdrucksmittel für unsere derzeitige Situation ausweist.

3. a) Erst wenn wir zu dieser Sicherheit im Erkennen und Benennen gefunden haben, treten wir in einen gezielten, "persönlicheren" Kontakt zu "unseren" Pflanzen: Wir prüfen (testen) ihr Aurafeld; erkunden die Kräfte in Blüte, Blatt, Frucht und Wurzel mit den Händen, die das Feinfühlen gelernt haben, und dem "siebten Sinn"; wir fragen sie, ob wir ein Blüten- oder Stängelblatt pflücken dürfen,

um ihren Lebenssaft auf unserer Haut zu spüren.

3. b) Jetzt erst beginnt die direkte Aufnahme des Pflanzenfluidums in unseren grobstofflichen Organismus, nachdem der feinstoffliche bereits alle wichtigen "Vorarbeiten" geleistet hat.

4. In der Wechselwirkung zwischen direkter Einwirkung und der Wahrnehmung in unserem Empfindungskörper werden wir ein gänzlich neues Bewusstsein für Heilung durch den Geist entwickeln können.
   Der Geist ist eine Kraft, die in jedem Lebewesen unterschiedlich wirkt und die über die Sinne wahrnehmbare Individual- und Kollektivströme aussendet, die, wie der elektrische Strom, unterschiedliche Stärken aufweisen können. Diese differenzierenden Stärken des einen Stroms nun in ihrer Intensität zu "messen" und die für uns richtige Spannung herauszufinden, die von unserem "Stromnetz" ohne Schaden verkraftet werden kann, wird

ein wichtiger Teil des Erkundungsprogramms sein, das wir zuerst in der Gruppe und dann im Alleingang üben werden.
Wichtig ist sodann der "Datentransfer" in der Gruppe, ohne dass wir in den gern gemachten Fehler verfallen wollen, mehr preiszugeben, als wir tatsächlich wahrgenommen beziehungsweise erspürt haben.
Anfängliche Unsicherheiten sind kein Grund zur Besorgnis oder dafür, sich gegenüber anderen Gruppenmitgliedern, die eventuell mehr zu spüren imstande waren, unterlegen zu fühlen. Wir schreiben keinen Wettkampf im "Spüren-Können" aus und wissen, dass in dieser spirituellen Disziplin der WEG und nicht das Ziel unsere Aufmerksamkeit verdient.

5. Nun haben wir alle eindeutigen Ergebnisse vorliegen. Jetzt geht es darum, die Essenzen aus den "Korrespondenzen" mit jenen affirmativen Pflanzen zu bereiten, die uns gefunden haben.

Hierzu einige allgemeine Anmerkungen:
Viele Bach-Blüten-Spezialisten sind der Ansicht, dass die fertig gekauften Essenzen die stärkste Heilkraft aufweisen, weil sie von Pflanzen aus jenem Gebiet gewonnen werden, in dem Dr. Bach sein Heilsystem entwickelte, und weil die Hersteller dort die Erfahrung besitzen und die nötige Sorgfalt beim Gewinnen der Essenzen anwenden. Auf der anderen Seite stehen aber die Originaltexte von Dr. Bach zu seiner Methode, aus denen hervorgeht, dass sein Ziel darin bestand, den Menschen ihre Eigenverantwortlichkeit für Gesundheit und Wohlbefinden bewusst zu machen. Eigenverantwortlichkeit bedeutet aber auch, in einem möglichst hohen Maß selbstständig und unabhängig zu werden von Institutionen wie Krankenkassen, anderen Personen wie Ärzten und von käuflichen Mitteln, soweit es eben ohne "Gefahr für Leib und Leben" zu verantworten ist.

Mit dem Vorbehalt, dass die von uns selbst hergestellten Pflanzenessenzen vielleicht nicht ganz so zuverlässig wirksam sein könnten (insbesondere bei den ersten Versuchen), bis das Vertrauen und Zutrauen gewachsen ist, jedoch in dem Bewusstsein, dass wir das nötige Feingefühl für die Herstellung entwickeln können, gebe ich nachfolgend eine kurze Beschreibung für die Gewinnung und Herstellung unserer eigenen Essenzen.

Gewinnung und Herstellung unserer eigenen Essenzen

Zur Vorbereitung auf das Herstellen der Blütenessenzen gehört die eingehende Beschäftigung mit den Pflanzen, aus denen sie gewonnen werden. Du solltest die genaue Art klar gegen verwandte Pflanzen abgrenzen können, was beispielsweise bei den vielen Weidenarten oder Springkräutern gar nicht so einfach ist.

Jede Pflanze hat eine eigene "Optimalzeit", zu der die Blüten gesammelt werden sollten. Auch dieses Wissen muss man sich erst aneignen. Wenn die Pflanze in voller Blüte steht, also auf dem Höhepunkt der Blütezeit, ist der richtige Moment zum Sammeln gekommen.

Weiterhin musst du beurteilen können, ob die Sonne (schon) genügend Kraft hat. Die sehr früh blühenden Bäume fallen daher nicht darunter.

Pflücke die Blüten einer ausgewählten Pflanze am späten Vormittag, und berühre sie nicht mit den Fingern, sondern pflücke vorher ein grünes Blatt dieser (oder in Ausnahmefällen einer anderen) Pflanze und benutze es als Pflückwerkzeug.

Du solltest bei dir haben: Eine Flasche mit gutem, frischem Quellwasser und eine saubere Glasschüssel, besser noch eine Kristallschüssel; außerdem mehrere lichtundurchlässige, fest verschließbare Glasfläschchen (*stock bottles*).

Bevor du mit dem Sammeln beginnst, stelle die Glasschüssel in die pralle Sonne (das heißt auch, dass du nur an Tagen sammeln kannst, an denen es warm und sonnig ist), und gieße das Quellwasser hinein. Die mit dem Blatt gepflückten Blüten lasse nun aus dem Blatt auf die Wasseroberfläche der Schüssel gleiten. Pflücke so viele Blütenblätter, dass die Wasseroberfläche bedeckt ist.

Nun kann die Sonne die weitere Arbeit übernehmen. Wenn sie nach mehreren Stunden die Kraft verliert, schöpfe, wiederum mithilfe eines grünen Blattes (vorzugsweise von der gewählten Pflanze), die Blüten ab, und fülle das Wasser aus der Schüssel in die mitgebrachten Fläschchen um, wovon jedes jeweils nur bis zur Hälfte gefüllt und zu Hause mit einem mindestens 40-prozentigen Alkohol aufgefüllt wird. Dr. Bach verwendete bei seinen eigenen Experimenten guten Brandy oder Whisky.

Die so hergestellte Essenz ist fast unbegrenzt haltbar, sollte aber in ihren *stock bottles* dunkel und kühl aufbewahrt werden.

Nun gibt es noch einiges zu bedenken:

Baumblüten generell und einige andere (zum Beispiel jene von *Mustard* = Ackersenf, *Honeysuckle* = Geißblatt, *Wild Rose* = Heideröschen, *Star of Bethlehem* = Milchstern) unterscheiden sich in einem Punkt bei der Herstellung der Essenzen von dem oben beschriebenen Verfahren. Die ganz frisch gepflückten Blüten werden schnellstmöglich nach

Hause gebracht und dort auf die Oberfläche von Quellwasser gelegt, das sich in einer ganz sauberen, feuerfesten Glasschüssel befindet. Die Flüssigkeit wird nun eine Stunde lang sanft gekocht, optimal hierfür wäre Holzfeuer. Ansonsten gelten dieselben Regeln wie bei der Sonnenmethode.

Auf diese Weise sind die vier Elemente der Natur in dem Heilmittel enthalten: Luft und Erde haben bei der Schaffung der Blüte geholfen, Wasser und Feuer bei der Herstellung der Essenz. Diese Regeln sind wichtig, denn sie haben ihren Sinn. Außerdem bilden die Bach-Blüten ja ein geschlossenes System.

Aber – das Leben besteht aus spontanen Einfällen, aus Intuition, Improvisation, Versuchen und Erfahrungen. Daher sollte dich nichts daran hindern, auch Versuche mit den Blüten anderer Pflanzen anzustellen. So kannst du zudem die Herstellungsweise variieren. Die hergestellten Essenzen kannst du zunächst an dir selbst ausprobieren, denn ihre Wirkung kann auf ganz anderen Gebieten auftreten als ihre eventuelle Verwendung zum Beispiel in der

Heilpflanzenkunde vermuten lassen würde. **Verwende aber nur Pflanzen, von denen du mit absoluter Sicherheit weißt, dass sie nicht giftig sind, das bedeutet, dass du dir am besten nach und nach ein fundiertes Pflanzenwissen aneignest.**

Wenn du einen Eindruck von der Wirkungsart deiner neuen Pflanzenessenzen hast, kannst du sie zum Beispiel bei deinen eigenen Tieren einsetzen, denn diese eignen sich besonders gut für ein "Feedback".

Deine größte Schwierigkeit wird vermutlich darin bestehen, absolut gesunde Pflanzen in einer unbeeinträchtigten Landschaft zu finden, denn nur von solchen können Heilkräfte erwartet werden. Und hast du eine Gegend gefunden, die tatsächlich vollkommen intakt zu sein scheint und die auf dich einen wohltuenden Eindruck macht, dann musst du dir die Frage stellen, ob du es auch verantworten kannst, dort einzugreifen, indem du Pflanzen entnimmst, auch wenn es sich dabei nur um minimale Schädigungen der Pflanzen handelt. Verbinde dich in diesem Fall mit dem Geist der

Pflanzen und mit dem Geist der All-Liebe, und bitte um Erlaubnis.

Mit der Zeit wirst du ein feines Empfinden für diese subtile Tätigkeit entwickeln. Wenn du draußen unterwegs bist, spricht dich vielleicht eine Pflanze besonders stark an. Du liest über sie und bist mehr und mehr fasziniert von ihr - dies ist ein untrügliches Signal dafür, dass du sie brauchst. So sollte die Fühlungnahme im Allgemeinen vor sich gehen. Man kann sich natürlich auch direkt auf den Weg beziehungsweise die Suche begeben und alle "Fühlinstrumente" ausfahren. Dies wird dann der Fall sein, wenn eine Bedürftigkeit im psychischen Bereich besteht, von der dann die entsprechenden Signale für die Suche ausgehen.

Immer unter der Voraussetzung, dass die Sommersonne unsere Verbündete ist, wollen wir den Sommer ganz allgemein zu unserem Verbündeten erklären, denn wir sind in diesen Tagen der Gemeinsamkeit ja angewiesen auf seine sonnigen Gaben. (Das Erlebnis unserer gemeinsamen Woche fand im der ersten Septemberhälfte statt, wo viele Blüten bereits ihren Höhepunkt überschritten hatten.) Dabei gehen wir über die von Dr. Bach bevorzugte Erntezeit der Blüten hinaus und gehen auch in einem anderen Sinn noch einen Schritt weiter:

Wir konzentrieren uns nicht mehr einzig auf die Blüten der Pflanzen, sondern auf ihre **Ganzheit**, wobei uns bewusst ist, dass die Kräfte, mit denen wir es hier zu tun haben werden, nicht so feinstrahlig und daher nicht so leicht wahrnehmbar sind wie jene in den Blüten. Vor allem die Fruchtansätze (= die verknospeten Blüten), Stängel, Blätter, Wurzeln und Früchte wollen wir erkunden - und selbstverständlich auch die Blüten, sofern "unsere" Pflanze noch solche trägt.

Das Pflücken selbst werden wir dort, wo dies nicht mehr mithilfe eines Blattes möglich ist, mit einem Messer ausführen, und der Schnitt sollte "chirurgisch", also schnell erfolgen. Auch die Pflanzen verfügen über einen ähnlichen Schutzmechanismus, der dem menschlichen Schockzustand entspricht; und sie empfinden zunächst keinen Schmerz. Für das Leben der Pflanze ist die Vollständigkeit ihres

Körpers genauso entscheidend wie für höhere Lebewesen, aber das Maß ihrer Leidensfähigkeit und Schmerzempfindlichkeit lässt sich nicht mit diesen vergleichen. Die Pflanze kann sich, wenn sie vorher über den Vorgang einer Amputation informiert wird, mit ihrem Bewusstsein aus jenem Teil zurückziehen. Das heißt aber, dass sie auch alle "Informationen" von dort entfernt, der amputierte Teil mithin ohne jeden Wert für uns wäre.

Deshalb ist es unabdingbar, dass wir uns mit dem Geist der Pflanze verbinden, ihm erklären, wozu und weshalb wir die Amputation durchführen wollen. Wir erklären ihm, dass es für uns von großer Wichtigkeit ist, dass ihre Heilkraft auch in dem entnommenen Teil erhalten bleibt. Wir müssen die Pflanze also de facto auffordern, durch den Schmerz hindurchzugehen und uns dieses Opfer zur Wiederherstellung unserer Gesundheit zu bringen. Das setzt voraus, dass wir uns über die Wichtigkeit unserer Handlung, die ja von unserer Pflanze ein Opfer verlangt, absolut im Klaren sind. Nur wenn dieses Einverständnis unseres höheren Bewusstseins und unser unmit-

telbarer Dank gegeben werden, können wir die entsprechenden Heilkräfte der Pflanze erlangen.

Mit Absicht habe ich den Satz von Sung Tschung an den Anfang des Kapitels "Heilung" gesetzt. Die **Wurzel** einer Pflanze trägt ein so hohes "Informationsmaterial" in sich, dass sie überhaupt nicht verletzt oder gar zerstört werden muss, um an die nötigen "Daten" zu gelangen. Sie trägt ja - wie die Frucht im Kern - das Bild der Vollkommenheit in sich und befähigt auf ganz besondere Weise das Wachstum der Pflanze: Sie bedient sich der Kräfte des Kosmos und der Erde und setzt diese sofort in "Lebenssaft" um. Und diese Kräfte können auch wir zur Gewinnung einer Essenz aus der Wurzel einsetzen, denn - unser Dasein gleicht dem einer Pflanze. *"(...) In beiden vollziehen sich dieselben Prozesse, hier mikrokosmisch, dort makrokosmisch. Der Mikrokosmos Mensch erzeugt Asche (Faeces), 'blüht', 'duftet' und pflanzt sich in den unteren Organen fort, derweil er seinen Kopf zum Kosmos richtet. Die Pflanze dagegen hat den ganzen Erdball als Kopf, und ihr Verdauungs- und Reproduktionssystem ist dem weiten*

Kosmos, den Sternen, Planeten und der Sonne offen entgegengestreckt." (Wolf-Dieter Storl)

Wurzelstöcke quellen über vor Lebenskraft. Sobald man sie in den Boden bringt, schlagen sie Wurzeln, während die oberen Zweige, Blätter und vor allem die Blüten diese Vitalität nicht mehr haben.

Wenn du eine heilende Kraft aus der Wurzel einer für dich als heilsam erkannten (erspürten) Pflanze destillieren willst, nimmst du diese am besten über dein eigenes Blut auf (= Lebenskraft in Lebenssaft). Ein kleiner Stich in Mittel- oder Zeigefinger genügt, um einen Tropfen Blut zu gewinnen, den du auf die Wurzel deiner Pflanze fallen lässt. Sie "prüft" nun alle Informationen, die sich ihr aus dieser lebendigen "Datenquelle" mitteilen, und erzeugt im selben Augenblick ein Heilmittel: Sie mischt deine "kranken Informationen" mit ihren "heilen" und wandelt sie zu einer neuen Informationsstruktur um, die du nun, indem du deinen blutenden Finger auf den "Leib" der Wurzel legst, in dich aufnehmen kannst. Wenn du deinen Geist nun mit aller Willens- und Konzentrationskraft auf diesen "Transfer" richtest, kannst du über deinen Astralkörper die Botschaft der Veränderung in dich aufnehmen. Auch hier ist es besonders wichtig, darauf zu achten, dass es sich um eine wirklich gesunde Pflanze oder einen gesunden Baum handelt.

Die Zubereitung aller nicht aus der Wurzel gewonnenen Essenzen haben wir schon exakt beschrieben. Zur Erinnerung: Alle Gaben der Bäume müssen - mit Ausnahme der Wurzelkräfte -, um ihre heilenden Kräfte freizusetzen, durch das Feuer gehen. Die Wurzelkräfte also müssen nicht durch das Feuer gehen. Alle anderen Pflanzen werden von der Luft (dem Äther) "energetisch geschwängert".

Dr. Bach war nicht nur Wegbereiter, sondern befand sich, was natürlich in der Öffentlichkeit so nicht diskutiert wird, im direkten Kontakt mit den Engelwesen der Elemente und den Pflanzen-Devas. Ihr könnt von seinen Erfahrungen all das ableiten, was ihr für eure eigenen Kontakte mit den feinstofflichen Energien und deren Wesenheiten sowie mit den "Pflanzengöttern" benötigt, wobei ihr ihn nicht kopieren, sondern zu euren eigenen individuellen Erfahrungen finden solltet.

Natürlich spricht er in seinen Veröffentlichungen nicht über diese Kontakte und Erfahrungen, aber aus der Ehrfurcht, mit der er den jeweiligen Blüten begegnete, spricht eine Liebe, die man ohne dieses Wissen einer einfachen Pflanze gegenüber niemals empfinden und zum Ausdruck bringen würde. Und entsprechend war das "Feedback": Die Elementeengel und die Pflanzengötter wiesen ihm den Weg, wobei sie ihn - mit seiner ganzen Persönlichkeit - in den Prozess einbezogen.

Das Findhorn-Experiment, von dem heute nur noch armselige Reste vorhanden sind, entzog seinerzeit sogar Skeptikern ihre "tägliche Nahrung". Aber die Pflanzengötter, die Kinder der göttlichen Mutter, sind Individualseelen zugetan, die zu lauschen vermögen. Sie zogen sich wieder in ihr Reich zurück, als der Massentourismus einsetzte und die Atmosphäre der Liebe einer neugierig heranströmenden Menschenschar weichen musste. Man hätte Findhorn dagegen verteidigen müssen.

Es bedarf absolut reiner Menschen, die im engen Kontakt stehen mit ihrem eigenen Seelenpotenzial und die - wie Dr. Bach und die frühen Findhorn-Pioniere - auf derselben Frequenz schwingen wie jene Seinsformen, zu denen ein Äquivalent besteht, das vermittels des Äthers, des fünften Elementes, wahrgenommen werden kann. Die Brücke zu diesem fünften Element bilden die Engelkräfte der vier Elemente - sowohl im grobstofflichen als auch im feinstofflichen Bereich.

Mit der Natur atmen

(Dieser Text samt vorbereitender Übung sollte uns einstimmen auf unsere erste Exkursion in die Natur.)

Heute wollen wir uns im Anschluss an diese Vorbereitungsübung auf den Weg machen, um die Klänge der Natur mit unserem inneren Ohr zu "erhören".

Es ist ganz einfach - wenn ihr "un-heil" seid, so schwingt euer Wesen nicht synchron mit jenen Pflanzen, Mineralien oder Bäumen, die im Zustand der Vollkommenheit mit eurem eigenen Grundton, auf den euer Wesen eingestimmt ist, eine Klangsynthese bilden.

Jeder kennt das, ohne die Gründe je wirklich hinterfragt zu haben: Es gibt diese Momente, in denen ihr euch rundherum unglücklich, unpässlich, missverstanden, mit einem Wort: unharmonisch fühlt. Diese Disharmonie drückt sich unmittelbar in eurer "Stimmung" aus. Ihr seid übellaunig, gereizt oder weinerlich und entsprechend ist auch euer physischer Zustand. Kopf- oder Bauchschmerzen, Blutdruckprobleme und so weiter lähmen eure ohnehin nur auf Sparflamme köchelnde Antriebskraft. Am liebsten würdet ihr euch an solchen Tagen einfach ins Bett verkriechen. Ihr seid also "verstimmt" wie ein altes Klavier, nur weil ein paar Saiten in eurem so zart besaiteten Wesen durch irgendwelche Einflüsse von außen an Spannkraft verloren haben. Ein klein wenig nachgeholfen, und schon ist die Stimmung wieder perfekt, bis zum nächsten Stimmungstief.

Dieses Nachhelfen, Nachstimmen kann auf unterschiedlichste Weisen geschehen, je nachdem, wie stark die Saiten eures Instrumentes gelitten haben. Ein vortrefflicher "Klavierstimmer" war Dr. Bach, und wir wollen jetzt ein wenig in seine Harmonien hineinhören:

"Wenn man in unserer heutigen Zeit behauptet, dass diese Blüten alle Krankheiten heilen können,

ist es notwendig hinzuzufügen, dass dies nur für jene gilt, die wirklich gesund werden wollen. Denn unter den gegenwärtigen Umständen bringt Krankheit häufig Vorteile mit sich, die der Patient in manchen Fällen nicht gerne verlieren möchte. Vielleicht bringt die Krankheit Sympathie oder Aufmerksamkeit ein, oder sie erspart es ihm zu arbeiten, oder sie gibt ihm ein Mittel in die Hand, sich einer unangenehmen Pflicht zu entziehen; vielleicht bedeutet das Kranksein auch finanzielle Vorteile wie Pension, Schadensersatz oder Schmerzensgelder und so weiter. In gewissen Fällen ist es verständlich, dass manche versucht sind, an einer Behinderung oder einem Leiden festzuhalten, um die Vorteile nicht zu verlieren, die es ihnen bringt ...“

Diese Aussage von Dr. Bach wollen wir einmal auf unsere eigenen Festhaltemotive übertragen. Es ist ja kaum jemand unter euch, der so vollkommen heil beziehungsweise gesund ist, dass er nicht (auch) auf die Heilkräfte von Mutter Natur angewiesen wäre. Und da die Krankheiten zumeist anhänglicher sind als “not-wendig”, müssen die obigen Ausführungen von Dr. Bach doch für viele einen hohen

Wahrheitsgehalt enthalten, den ihr bisher ignoriert habt oder euch nicht eingestehen wolltet, weil die Krankheit noch, so paradox es auch klingen mag, einen hohen Stellenwert in eurem Leben besitzt.

Es mag durchaus legitim sein, sich auf einmal erreichten "Wohltaten", die einem durch eine Krankheit zugeflossen sind, bequem auszuruhen und die Heilung gar nicht oder nur halbherzig zu betreiben, weil die Privilegien im Falle einer Heilung gefährdet wären - und wenn es nur eine vermehrte Aufmerksamkeit vonseiten der Mitmenschen ist, die einem das Leben angenehmer, also paradoxerweise "leichter" zu machen scheint. Erst die Krankheit bringt vielen jene Aufmerksamkeit, auf die sie als Gesunde nicht einmal zu hoffen wagten. Ungezählt sind all die Märtyrer- und Hypochondernaturen, die sich vom Mitleid ihrer Mitmenschen ernähren und ihre Daseinsberechtigung einzig aus der Zahl und Härte ihrer oft nur eingebildeten Leiden ableiten.

Es gilt also nun für jeden Einzelnen hier in der Runde, erst einmal die eigenen Motive für die Krankheit beziehungsweise Probleme anderer Art genauer als bisher unter die Lupe zu nehmen. Nicht um sich nun schamhaft zu dem einen oder anderen Irrtum im bisherigen Denksystem zu bekennen, sondern um zunächst herauszufinden, ob der Wunsch nach Heilung überhaupt vorhanden ist.

So viele doktern jahrelang, aber stets erfolglos an äußeren Symptomen herum, weil sie in Wirklichkeit gar nicht die Wurzel, die Ursache ihrer Krankheit finden wollen, aus Angst, die deswegen erhaltenen Zuwendungen – siehe oben – zu verlieren. Naturgemäß bringt man einem kranken Menschen mehr "Gefühle", zumeist in Form von Mitleid, entgegen, und auf diese Weise enden diese emotionalen Verkettungen beziehungsweise Verstrickungen nie.

Ehe ihr aber nun den Finger in die Wunde der anderen legt, schaut jetzt einmal auf eure eigenen Motive:

1. Wie lange hast du deine Krankheit, dein Leiden, deine sonstigen Probleme schon?
2. Wie oft sprichst du darüber mit anderen – und aus welchen Motiven?

3. Wie ergeht es dir, wenn du dich wieder einmal "ausgesprochen" hast?
4. Hast du wirklich das Gefühl, dass andere dich mit deiner Krankheit/Problematik ernst nehmen?
5. Kannst du dich selbst nur an- und ernst nehmen, indem du an deinem Leiden/Problem leidest?
6. Warum haben alle bisherigen Versuche, den Problemen (beziehungsweise Krankheitsursachen) auf den Grund zu gehen, so wenig Erfolg gehabt?
7. Warum meinst du, bist du deine Probleme/ Krankheiten noch immer nicht los, obwohl du dich so sehr darum bemühst?
8. Kann es sein, dass du deine Krankheit, deine Probleme noch immer brauchst? Wenn ja, warum? Wenn nein, warum lösen sie sich dann nicht auf?
9. Was steht deiner Heilung offensichtlich im Wege?

10. Wie würde es sich im Augenblick für dich anfühlen, aller Krankheiten/Probleme wirklich entledigt zu sein?

11. Lasse dich jetzt auf diese Empfindungen ein: Stelle dir vor, wie sich dein Leben gestalten würde, wenn du ganz gesund beziehungsweise ganz ohne diese quälenden Probleme wärest ...

12. Hinterfrage einmal: Was ist dir wichtiger: die Zuwendung von ... (lasse dir eine wichtige Person kurz durch den Kopf gehen) oder deine Gesundheit?

13. Du hast so oft die göttliche Vollkommenheit für dich erbeten beziehungsweise aus ihrem Geist heraus gebetet. Prüfe jetzt in dir, ob du dabei wirklich aufrichtig warst, weil du ja deine Krankheit, deine Probleme noch immer zu brauchen meinst, womöglich auch wegen all jener "Vergünstigungen", von denen Dr. Bach sprach ...

14. Glaubst du daran, dass du auch mit den Gaben der Natur, dem wirklich weisen Arzt, genesen kannst?

15. Glaubst du ferner daran, dass du im Falle deiner vollkommenen Wiederherstellung dennoch keinen Privilegienverlust hinnehmen müsstest, weil Gott seine schützende Hand über dich hält?

16. Kennst du die Tragweite der Jesus-Worte: *"Bitte, und es wird dir gegeben. Klopfe an, und es wird dir aufgetan"*? Wenn ja, warum wirken sie bei entsprechender Anwendung nicht auch in deinem Leben?

17. Kannst du, dieser Worte eingedenk, dich nun freudigen Herzens auf die Suche nach deinem natürlichen Helfer/Heiler begeben?

18. Nur wenn du der Meinung bist, dass du wirklich in "Gottes Hand" geborgen bist, dass weder Mitleid noch Liebe aus falschen Motiven irgendeinen Sinn für dich ergeben und dass du gesund werden kannst, weil du es **aus Liebe zu deinem Selbst** so wünschst, wirst du Hilfe von den Pflanzendevas erhalten, denn sie reagieren nur auf die wahre Gesinnung, weil sie dem ewigen Born der Vollkommenheit zugehören. Nur wenn deine ehrlichen Motive und

diese "wahre Gesinnung" sich in idealer Weise verbinden, kann auch eine Verbindung zu den feinstofflichen Helfern hergestellt werden.

Alle Pflanzengötter und Devas gehören in das Reich der göttlichen Mutter

Das VATER-PRINZIP ist das der ALL-LIEBE, die den SCHÖPFERISCHEN SAMEN enthält.

Das MUTTER-PRINZIP nimmt diesen Samen auf und bringt LEBEN hervor. Da die Pflanzen und Mineralien direkt dem Leben, also den Geschöpfen zuarbeiten - ihre Symbole sind in allen Kulturen solche der Fruchtbarkeit -, sind sie Teil jenes Füllhorns, aus dem das Leben quillt.

Ehe wir lernen, auf die **Klänge der Natur** zu lauschen, müssen wir erst einmal **unseren eigenen Grundton** erlauschen, also tief in unser Sein und Wesen horchen. Wir gehen über den Atem dorthin, wo dieses Wesen als Teil des Kosmos auf dem Erdenton und dessen Harmoniegesetzen schwingt.

Dieser Erdenton ist also unsere Ausgangsbasis, denn alles Leben auf der Erde - mit Ausnahme der Kristalle - schwingt innerhalb dieser besonderen Harmonie als Teil (Frequenz) der Schwingungsharmonien des Alls. Ohne den Erdenton wäre dessen kosmische Harmonie so unvollkommen, dass das ganze "System" abstürzen müsste ins Uferlose.

Es sind die Sphärenklänge, die den Lauf der Gestirne bestimmen, und dass man um sie weiß, dass man sie mathematisch berechnen und somit unter anderem auch zur Heilung in vielerlei Hinsicht einsetzen kann, ist den indischen Weisen zu verdanken, deren Überlieferungen nicht nur Pythagoras, sondern auch so manchem alten und heutigen Astronomen einen tiefen Einblick in das Werden und Vergehen der Gestirne erlaubten. Dies erfolgt nach einer heute berechenbaren Gesetzmäßigkeit, die kein sinnloses Durcheinander erzeugt und keine Zufälligkeiten kennt, sondern von einem TON, einem WORT "gesteuert" wird, das kein Urknall, sondern ein URTON war, aus dem sich seit Ewigkeit alle Harmonien ableiten, insbesondere jene, die den Kosmos tragen und seine Entfaltung bestimmen.

Man kann diese Gesetzmäßigkeiten also berechnen, die kosmischen Klänge wie eine mathematische Gleichung in nachvollziehbare Töne "umrechnen", aber man kann sie in keiner Weise beeinflussen, es sei denn, man würde irgendwann den "Code" knacken, der dem SCHÖPFUNGSWORT innewohnt. In seinem Buch *Die kosmische Oktave* hat der Autor Cousto einen Versuch unternommen, unter anderem auch diese Zusammenhänge nachvollziehbar zu erklären. Jedermann sei diese Lektüre empfohlen, der sich intensiver mit diesen Fragen beschäftigen möchte.

Jeder, der anfällig ist für Katastrophenszenarien, die von der unwissenden und naiven Schar gewisser Esoteriker und von vielen sogenannten Astrologen verbreitet werden, kann sich heute alleine anhand der Berechnungen von Cousto von der "Harmlosigkeit" der planetaren Erscheinungen und ihrer oft merkwürdig anmutenden Interferenzen überzeugen, ohne in absolut unbegründete Ängste verfallen zu müssen. Solange sich solche "Erscheinungen" astronomisch-mathematisch und physikalisch berechnen und erklären lassen, besteht nicht die geringste Gefahr einer "kosmischen Katastrophe", die immer wieder bei Erscheinungen wie der jüngsten Sonnenfinsternis (11. August 1999) herbeigeredet wird. Wer mag, kann sich anhand der von Cousto errechneten und von der Astrophysik längst bestätigten Werte eine Vorstellung von diesen harmlosen, "zufälligen", aber natürlich hochinteressanten kosmischen Zusammenhängen machen.

Im Kapitel "Vom Klang der Erde" veranschaulicht der Autor unter anderem seine Suche nach dem **Grundton**, weil der eingeführte "Kammerton a", dem 440 Hz zugeordnet werden, nicht zu allen Zeiten und in allen Gegenden gültig war. Deshalb, so sein Resümee, muss ihm eine Willkür zugrunde liegen. Und er kommt zu der richtigen Schlussfolgerung, dass nicht das "a", sondern das "g" - französisch "sol" - den echten Grundton bildet. Ohne dies hier weiter zu vertiefen, wollen wir uns dieser Erkenntnis anschließen und, basierend auf dem

Grundton “g”, unseren eigenen Grundton innerhalb der chromatischen Oktave finden.

Denn als Kind der Erdenmutter, die auf diesem Ton schwingt (“g” = 194,18 Hz), gehören wir in dieses Kaleidoskop von Tönen und Halbtönen, die in ihrem Zusammenspiel immer eine wohltuende Melodie ergeben und nichts gemein haben mit den Kakophonien, die die Menschheit heute als Ersatz für das Nach-innen-hören-Können hervorbringt und die nur ihre zerrissene Innenwelt, ihr aus den Fugen geratenes Dasein widerspiegeln. Sie machen ein Hinhören auf die Euphonie (Wohlklang) der eigenen “Stimmung” gänzlich unmöglich.

Wir aber wollen hier und heute Euphoniker sein und das Klanggewebe, das aus dem Zusammenspiel unserer individuellen Seinstöne - immer basierend auf dem Grundton der Erdenmutter - entsteht, soll zugleich Ausdruck der Gruppe und ihrer individuellen “Stimmung” sein.

Dies möge uns nun mitten hineinführen in unsere eigene Erfahrung. Erst sie bietet uns die nötige Grundlage für unseren sinnvollen Ausflug in die Natur. Denn wenn wir uns nicht selbst über unsere tägliche Stimmung wahrnehmen lernen, werden wir auch niemals die "Töne" der uns "gewogenen" (= zuschwingenden) Pflanzen, Bäume oder Mineralien erfahren können.

Welches "Instrument" oder "Medium" eignet sich für diese Erfahrungen besser als das "Latihan", wenn wir es im Sinne des Wortes verstehen - als "Übung". Viele Latihan-Praktizierende haben, ohne über die Zusammenhänge je aufgeklärt worden zu sein, die Erfahrung des "inneren Ohres" gemacht. Aber anstatt nun weiterzugehen, verharren sie Jahr und Tag in der gleichen Erwartung, was sie ja nicht weiterführen kann, wenn sie sich mit den gemachten Erfahrungen nicht konstruktiv auseinandersetzen. So bietet das Latihan einen Einstieg in die Welt jener Töne, die in unserem Inneren seit jeher wirksam sind, ohne dass wir ihr Dasein je wirklich wahrgenommen hätten.

Einige aus unserer Gruppe hatten schon seit vielen Jahren regelmäßige Erfahrungen mit dem "Latihan". Es ist eine meditative Übung, bei der man nichts anderes zu tun hat, als sich dem göttlichen Energiefluss im eigenen Inneren zu öffnen und hinzugeben, um sich dann von dieser Energie bewegen zu lassen, ihr zu lauschen und so weiter. Es kann eine unmittelbare Gotteserfahrung sein und mag dem in der Bibel beschriebenen Pfingsterlebnis der Apostel ähnlich sein. Nähere Informationen unter www.subud.de

Heilung ist das Erkennen des Christusbewusstseins. Christus als oberste Instanz, als Schwingungskraft der Erde, als "Gemahl der Erdmutter" ist der "reine Ton g", auf dem die Erde in der kosmischen Symphonie mitschwingt. Lasst uns unsere eigenen Grundtöne auf diesem "göttlichen g" aufbauen zu jener Euphonie, die ein Abbild der kosmischen Euphonie ist, die das gesamte Weltall trägt.

Wenn wir dann hinausgehen, um die Eigenklänge der Pflanzen und Bäume zu erspüren, wollen wir immer den "**Grundton g**" in uns bewegen, weil wir auf diese Weise am leichtesten Sympathien im Bereich der chromatischen Oktave erspüren können, innerhalb derer alle Pflanzen als Kinder der Erdmutter und des göttlichen Vaters schwingen. Sinnvollerweise verbünden wir uns auch mit den jeweiligen feinstofflichen Kräften der Pflanzen und Bäume, den Devas, weil sie ja im selben Schwingungsfeld wie wir selbst leben und über die Töne am leichtesten erreichbar sind.

Mache den Versuch: Singe, summe deinen Grundton, und achte auf die Reaktionen (Resonanzen), was natürlich deine ungestörte Aufmerksamkeit verlangt. Du wirst hingeführt zu **deinem** Äquivalent, wenn du nur die innere Offenheit und Liebe für die Pflanzen und Bäume mitbringst.

Ehe du die Pflanze an dich nimmst, vergewissere dich noch einmal, ob sie wirklich die **richtige** ist, und bitte den Pflanzendeva um dieses Opfer zur Wiederherstellung deiner aus dem Lot geratenen Lebenskraft. Dann verfahre mit der Ernte und Zubereitung so, wie es im vorangegangenen Kapitel ausführlich beschrieben steht und wie wir es im Vorfeld besprochen haben.

Wir entfernen uns also auch hier nicht von der **bewussten Anwendung der Christuskraft**, nur vermeintlich "auf einer Stufe niedriger": Alles ist

Energie, Schwingung und nicht voneinander getrennt. Lediglich euer Bewusstsein entscheidet über die Methode. Einmal wird es das Gebet im stillen Kämmerlein sein; ein anderes Mal die Gruppenenergie und das Gebet in der Gruppe; bei jedem Gang durch die Natur wird es möglich sein, in Resonanz zu den Pflanzen und Bäumen zu sein; in wieder anderen Augenblicken greift ihr zu den Bach-Blüten oder euren eigenen Essenzen, oder ihr wendet euch an die Elemente-Engel. Eure INNERE WEISHEIT kennt eure jeweiligen Bedürfnisse und wird euch führen, wenn ihr euch nur weit genug zu öffnen versteht.

Einmal aber werdet ihr nichts mehr "brauchen", weil ihr bereits alles "habt", was ihr für euer Leben in Harmonie und Gesundheit benötigt.

Pflanzen und Tiere

Jede Pflanze ist ein Kind der Gaia,
und Gaia ist ein Kind der großen Devi.

Wenn der Mensch sich einer Pflanze öffnet, neigt sie sich ihm mit ihrem Duft, ihrer Farbe zu. Es kann aber auch sein, dass die Pflanze einen Menschen, der ihre Kräfte benötigt, noch vor dessen bewusster Suche durch eben diese Merkmale "ruft". Mit ihrem feinen Sensorium (dies trifft in erster Linie, aber nicht nur auf die breite Palette der Heilpflanzen zu) ist sie, die ihre Natur in einem ununterbrochenen Prozess zur Entfaltung bringt, in stetem Energiekontakt zu allem Leben, das um sie herum existiert und "webt".

Wenn ein Mensch also von einer Pflanze gerufen wird, offenbart sie ihm zunächst ihre äußere Struktur - er fühlt sich angezogen von ihrem Duft, ihrer Farbe, ihrer Zerbrechlichkeit, den feinen Verästelungen ihrer Blätter und Blüten. Wenn er gelernt hat, auf ihr "Angebot" entsprechend zu reagieren, wird er zunächst nicht versäumen, sich bei ihr für ihren Ruf zu bedanken. Und wenn er mehr als eine nur vordergründige Freude an ihrem Dasein empfindet, wird er sie - oder besser ihren "Geist" - fragen, ob er sie pflücken darf. Dies wird ihm niemals verweigert, wenn seine Motive klar, rein und eindeutig sind. Dabei spielt es keine Rolle, ob er sie zu Heilzwecken oder einfach nur aus purer Freude an ihrer Schönheit haben will. In jedem Fall findet eine vollkommene Übertragung von Energien statt. Denn Freude, insbesondere Freude an einem Gottesgeschöpf, ist ein Energieträger höchster Güte und Grundbedingung für jede Art von Heilung. Und wenn der Mensch die Pflanze, da er sie denn pflücken durfte, in Dankbarkeit ans Herz drückt oder in eine Vase stellt - immer wird er durch die Freude hindurch die heilende Kraft, die von ihr ausgeht, in sich aufnehmen.

Noch intensiver ist das Energiefeld, in welchem Heilung geschehen kann, wenn er sich bewusst auf die Suche nach "seiner" Pflanze begibt, sie in engem Kontakt mit den "Geistern", die er "ruft", auch findet, ihren Geist "isoliert" und mithilfe der Sonne dem Gedächtnis des Wassers anvertraut.

Wir haben gesehen und erfahren, dass jeder Planzen-Deva ein ansprechbares Ich besitzt. Auch jedes Tier ist innerhalb seiner Gattung mit dem "großen Geist", dem jeweiligen Gattungs-Deva, verbunden. Je höher die Tiergattung, desto höher und ansprechbarer auch der Deva. Vor allem die Haustiere, also jene Gattungen, die vom Menschen domestiziert wurden, sind in ihrer Entwicklungsstruktur dem Menschen bereits so nahe verwandt, dass ein verständnisvoller Austausch auf der geistigen Ebene möglich ist. Wie aber verhält sich der Mensch zu diesen hochentwickelten Wesen? Wenn ihr für eure Tiergeschwister etwas wirklich Sinnvolles tun wollt, so verbindet euch mit ihren Devas, vor allem bei jenen armen Geschöpfen, die der Gewinnung von "Lebensmitteln" dienen und zu diesem Zweck durch die Folterkammern gehen, die der Mensch für sie - zur Gewinnung seiner eigenen "hohen Lebensqualität" - ersonnen hat. Macht nicht Gott für dieses Leid verantwortlich! Jeder Mensch hat die Möglichkeit, durch seinen Verzicht auf solche "Lebensmittel" zur Minderung der Schuld beizutragen. Der Mensch rottet täglich etwa 100 Tierarten und 1000 Pflanzenarten aus (Stand 1999, heute sind es vermutlich mehr). Beteiligt euch nicht an diesen Verbrechen gegen Gaia, verbindet euch vielmehr mit den Kräften der Natur und entsinnt euch eurer persönlichen Verantwortung, die ihr als Menschen mit dem Eintritt in diese Welt automatisch übernommen habt. Wie ihr dies bewusst gestalten könnt, mag die anschließende Übung veranschaulichen.

ÜBUNG
Verbindung mit Devi, der Muttergöttin

Nicht jede Pflanze, die uns anzieht, ist eine Heilpflanze im exoterischen Sinn. Wir können über die besonderen Eigenschaften einer Pflanze, die uns in ihren Bann zieht, Kontakt aufnehmen zu DEVI, der großen Muttergöttin - bis hin zur Einswerdung:

Wir haben uns mit einer Pflanze, die uns "rief", energetisch verbunden ...

Wir preisen alle Eigenschaften, die uns an ihr faszinieren, und benennen sie im Einzelnen. Wir können dies entweder aufschreiben oder auf der inneren Ebene erleben ...

Wir prüfen nun in uns, warum uns die Farbe, der Duft (oder sonstige Eigenschaften) an dieser

Pflanze so besonders fasziniert, und lassen uns vollkommen auf die Empfindung ein, die sich jetzt einstellt ...

Wir werden nun selbst zu dieser Eigenschaft: Je mehr wir uns mit ihr identifizieren, desto intensiver wird auch die Natur der Pflanze zu unserer eigenen, bis wir schließlich vollkommen mit der Pflanze eins werden ...

Nun dehnen wir uns in ihren Pflanzenleib hinein und versuchen, diese Empfindung über den Atem so auszudehnen, dass wir die Intelligenz, den Geist der Pflanze erspüren, in ihn eindringen und uns - mit ihm vereint - wiederum ausdehnen ...

Wir weiten unser Bewusstsein über den Atem aus, bis wir eins werden mit GAIA, der Mutter, deren Erdenschoß uns geboren hat ...

In dieser ununterbrochenen Ausdehnung werden wir nun eins mit der Erde und erleben uns schließlich auf unserer Reise durch den Kosmos: Wir nehmen wahr, wie leicht wir auch diesen begrenzten Kosmos durchdringen und in das Reich des Lichtes gelangen, um eins zu werden mit der göttlichen Mutter, jener archetypischen Qualität in uns, die uns das Leben lieben lehrt und der wir jetzt versprechen, nie mehr, mit keinem Gedanken, irgendeines ihrer Kinder zu verletzen ...

Wir verweilen lange in diesem Bewusstsein der Einheit mit der göttlichen Mutter und lassen uns vollkommen auf die Empfindungen ein, die sich uns mitteilen ...

Nun gehen wir wieder langsam durch alle Stadien zurück: Wir lösen uns aus DEVI, verlassen die Lichtebene, gehen durch den Kosmos zurück zu GAIA, zum Geist unserer Pflanze, zu unserer Pflanze als Individuum und lösen uns schließlich auf in der Erfahrung des Glücks, das uns jetzt als Erinnerung bleibt ...

Was sind Devas?

Hintergründe für unsere Exkursionen

Der Name leitet sich ab von der indischen Göttin der Natur, DEVI. Sie ist die UNENDLICH ERHABENE, denn ihr gehören alle Erscheinungsformen, die ebenso unbegrenzt sind wie ihre Wandlungsfähigkeit, und somit verkörpert sie das absolute Sinnbild der Natur in allen ihren Erscheinungsformen.

In ihrer All-Erscheinung ist sie DEVI, die strahlend Göttliche:

als UMA verkörpert sie das Licht,
als JAGAMATA die Mutter der Welt,
als SHAKTI die Urenergie,
als PARVATI die Allmächtige, die "Bergfrau",
als GAURI die Goldstrahlende,

als DURGA die löwenreitende, dämonenvernichtende Unnahbare,
als CHANDI die Wilde,
als BHAIRAVI die Schreckliche.

DEVI ist die ewige Begleiterin Gottes, SHIVAS weiblicher, schöpferischer Aspekt.

Sie ist selber die KUNDALINI: Auf ihrem Weg durch die Chakren metamorphosiert die Kundalini in eine hehre, strahlende Göttin, die sich schließlich im Hierogamos (= Vereinigung in der heiligen Ehe) mit SHIVA vereint.

Die indischen Seher beschreiben DEVI als den "Wirbelsturm der Elemente", SHIVA als "Stilles Auge mitten im Sturm".

DEVI ist der Reigen der Sterne, SHIVA der unbewegte Nordstern.

DEVI ist die treibende Kraft der Vegetation, SHIVA die starre Kälte des Winters und das Feuer der Hitze und Dürre in der Wüste, die alles Wachstum beenden.

DEVI ist das Erwachen und Keimen der Samen in der feuchten und dunklen Erde, das Sprossen und Sprießen, SHIVA ist das farbig auflodernde Blütenfeuer, das Verstäuben, Verwelken und Versamen der Vegetation.

DEVI ist das Leben, SHIVA ist der Tod.

SHIVA ist Stein, Phallus,

DEVI ist Pflanze, offene Blüte.

Das Zusammenbringen von DEVI und SHIVA, von Energie und Bewusstsein, von Lingam und Yoni lässt alle Geschöpfe glücklich werden und gedeihen.

DEVI ist die Herrin der DEVAS, der Leuchtenden, der Himmlischen. Und so ist sie auch die Göttin der Pflanzendevas, jener Urbilder, die sich in den einzelnen Arten und Gattungen irdischer Gewächse offenbaren. **Sie ist die Herrin der Vegetation.**

Die Devas, die Söhne und Töchter der großen Vegetationsgöttin, sind von wahrhaft göttlichem Ausmaß. Sie wirken von den Sternen und Planeten auf die Erde herab. Die Blumen auf den Wiesen und Feldern, die Bäume und Sträucher sind ihre

"Schatten", ihre "mit Stoff gefüllten Abbilder", ihr "kondensierter Atem", ihre "auf Erden verwirklichten Gedanken".

Ein Indianer, der Heilkräuter sammeln will, nimmt zuerst Kontakt mit dem "Häuptling" der jeweiligen Pflanzenart auf. Er raucht mit ihm Tabak und fragt ihn um Erlaubnis. Die Pflanze einfach zu nehmen, käme einer Vergewaltigung oder einem Diebstahl gleich und würde zu nichts Gutem führen. Dieser "Häuptling" ist für die Indianer die eigentliche Pflanzenseele. Und so ist es überall, wo der Mensch sich noch eins mit der Natur weiß – der Pflanzenkundige verkehrt zuerst mit dem Geist der Pflanze. Dieser Geist kann als Drache, als schöne Jungfrau, als Waldweib, Kobold, Kind, alter Mann, als Tierfigur oder als was auch immer in der Vision erscheinen. Diese Vision sagt etwas über das Wesen des jeweiligen Deva aus, ist aber zugleich aus den inneren Bildern, die der Kräutersammler in sich trägt, gebildet.

An sich hat der Deva als geistiges Wesen keine sichtbare Gestalt. Er "leiht" sich seine Erscheinung aus den kulturell vorgegebenen Vorstellungen und persönlichen Erinnerungen des Kräutersammlers. Der Deva wählt sozusagen in der "Rumpelkammer" des menschlichen Unterbewusstseins ein Kostüm und kleidet sich in eine Form, die der Pflanzen-Schamane erkennen und mit der er leicht umgehen kann.

Hat der Mensch Angst oder schleppt er ein schlechtes Gewissen mit sich herum, dann spiegelt sich dies ebenfalls in der Erscheinung des Devas, falls es in solchen Fällen überhaupt zu einem Kontakt kommt.

Wie sich der Deva offenbart, hängt ganz von unserer eigenen geistigen Verfassung und Einstellung ab. Ein reines, nach "oben" geöffnetes Bewusstsein ist für jeden Kräutersammler unabdingbar. Je selbstloser und transparenter das Bewusstsein wird, desto treffender, reiner, feiner werden auch die Imaginationen sein. Ein Deva kann dann umso leichter seine segensreiche Botschaft übermitteln.

Die Kommunikation mit der Pflanze, das Erkennen ihrer verborgenen Heilkräfte oder ihres Potenzials als Nahrungspflanze geschieht nicht durch äußerliches Experimentieren, sondern vor allem durch innerliche Zwiesprache. Der Deva, der seine botanische Art "überstrahlt", hat sein eigenes Schwingungsspektrum, sein eigenes morphogenetisches Feld, durch das er sich in der geeigneten ökologischen Nische manifestieren kann.

Das In-Erscheinung-Treten der einzelnen Pflanzen könnte mit dem plötzlichen Erscheinen von Eisblumen am Fenster verglichen werden. Ein anderes Bild, das wir zu Hilfe nehmen könnten, ist das der Chladni-Figuren, jener harmonischen organischen Muster, die entstehen, wenn man eine Resonanzplatte mit feinem Sand bestreut und dann über die Saiten einer daran befestigten Geige streicht. Jede Schwingung erzeugt ihre eigene Klangfigur. So setzt ein Deva also wie ein Geiger ätherische Schwingungen in Bewegung, die dann in den zahllosen Einzelexemplaren eine Art materielle Form annehmen. Deshalb dürfen wir die Einzelpflanze nicht mit dem Deva, dem schöpferischen Urbild der Art, verwechseln.

Betrachtet man die schöne Geometrie, die Vielfalt der Blatt- und Blütenformen, die Düfte, Farben und Wirkungsspektren der Pflanzen, dann erkennt man: Pflanzendevas sind höchst kreativ. Die Devas bauen sich ihre "Leiber" aus den Elementen der physischen Materie.

Jedem Deva fällt eine andere Aufgabe in der Gesamtökologie zu. Wenn wir uns vergegenwärtigen, dass die Erde ständig darauf hinarbeitet, in einem "homöopathischen Gleichgewicht" zu bleiben, dann lässt sich die Aufgabe der Pflanzen mit jenen der Drüsen oder anderer Organe im Körper vergleichen.

Pflanzen sind auch Meister der Synthese. Kein anderer versteht sich darauf, derart feine ätherische Öle zu synthetisieren, wie der Deva der Münzfamilie (der Lippenblütler). In der Herstellung von gummiartigem Milchsaft (Latex) sind die Wolfsmilchgewächse die Meister. Ihnen verdanken wir Gummistiefel, Autoreifen und so weiter. Der Nachtschatten-Deva dagegen wartet mit einer breiten Palette giftiger und bewusstseinsverändernder Alkaloide auf. Der Rosen-Deva schenkt uns unter anderem das herrlichste Obst - Äpfel, Birnen, Pflaumen, Kirschen, Erdbeeren, Himbeeren und so weiter -, ist aber zugleich auch Meister in der Herstellung von Gerbsäuren. Und wer kann die Enziane in der Bitterstoffproduktion übertreffen? Der große Enzian enthält die bitterste der bekannt gewordenen Verbindungen. Ein Gramm genügt, um mehr als 58.000 Liter Wasser bitter zu machen.

Man kann also feststellen, dass die Pflanzen einen "Familiengeist" besitzen, und jede Familie entwickelt hierfür ihre eigene Chemie, genauso wie sie ihre eigenen Blütenformen entwickelt.

Eingeborene, Schamanen und Mystiker sprechen unisono von den Pflanzengeistern als machtvollen und selbstbewussten Persönlichkeiten. Und wie der Mensch hat auch jeder Deva ein ansprechbares Ich. Jeder von ihnen hat seinen Willen, seine Aufgabe, seine Ziele und sein Schicksal, das er oft mit seinen Familienmitgliedern teilt.

Einige der Devas scheinen eine ganz besondere Zuneigung zum Menschen zu haben. Es sind die

- in der Gesamtzahl der Pflanzen gesehen - wenigen Gattungen der echten Heilpflanzen und die noch geringere Zahl der Nahrungspflanzen. Es gibt aber auch Devas, die sich nicht mit der gesamten Menschheit, sondern eher mit bestimmten Völkern und Kulturen verbinden, wie die Mistel, der Ölbaum, der Wein.

Aber nicht nur mit der Menschheit oder mit einzelnen Völkern gehen Pflanzendevas eine Verbindung ein, sie befreunden sich gelegentlich auch mit einzelnen Personen. Eine Lieblingsblume, das Lieblingsgemüse oder die Heilpflanze, zu der man immer wieder greift oder sich einfach hingezogen fühlt, können Ausdruck einer solchen Beziehung sein.

Kehren wir aber noch einmal zu den alten indischen Weisen zurück. Was unsere Wissenschaftler als rein materielles Geschehen auffassen, als höchst komplizierte Interaktionen von Photonen (Lichteinheiten) und Molekülen (wie H_2O, Chlorophyll, CO^2 und so weiter), sahen die alten Inder - nicht auf der Grundlage des Experiments, sondern auf jener der Meditation - als ein gewaltiges kosmisches

Drama. Die verschiedenen Seinsformen galten ihnen als Stationen zur Aufnahme und Weitergabe von Kräften. Jedes Wesen existiert - so steht es in den Upanishaden (eine der wichtigsten indisch-hinduistischen heiligen Schriften) –, um ernährt zu werden und um andere zu ernähren.

Die Pflanzen verspeisen sozusagen kosmische und stellare Energien. Ihre grünen Blätter saugen die im einströmenden Licht verborgenen Lebenskräfte auf, speichern sie in ihren Geweben und geben sie, indem sie sich selbst verspeisen lassen, an andere Geschöpfe weiter. Und deshalb, meinen die Inder, handelt es sich bei den Pflanzen um Meditanten, die sich im tiefen Samadhi befinden. In vollkommener Ekstase, unbewegt, ganz dem Himmel hingegeben, meditieren sie den schöpferischen Ur-Ton OM, den die Sonne ohne Unterlass hervorbringt und herabstrahlt.

Davon wusste auch Goethe in seinem *Faust* zu berichten, wenn er im "Prolog im Himmel" ausführt: *"Die Sonne tönt nach alter Weise in Brudersphären Wettgesang ..."* Und so berichten die Weisen der

Antike - ebenso wie die Alchemisten und Rosenkreuzer - von hörbaren Harmonien der Sphären, die durch die Bahnen der Sonne, des Mondes und der Planeten umschrieben sind. Diese Sphären galten den Indern als die "Wohnorte" der Geistseelen der einzelnen Pflanzenarten.

So kann man sagen, dass die Pflanzen uns das in Licht gehüllte Ur-Mantra des Universums - OM oder AUM - schenken und somit ganz allgemein das Leben. Nur sie vermögen auf diese Weise das Jenseits mit dem Diesseits zu verbinden.

Die im Obst, im Korn, im Gemüse gespeicherte kosmische Energie wird durch das Zerkauen und die Einwirkung der Verdauungssäfte wieder freigesetzt, und die darin enthaltenen "Sternenbotschaften" werden vom Organismus entschlüsselt. Es handelt sich dabei genau genommen um einen Verbrennungsprozess - die Umkehrung der Lichtassimilation, die in jedem grünen Pflanzenteil stattfindet. Und wie bei jedem Verbrennungsvorgang wird Hitze (Kalorien) erzeugt, während ein Teil als Asche (Kot) ausgeschieden wird. Die im

Darm freigesetzte Energie durchstrahlt den Körper und befeuert sämtliche Lebensvorgänge.

Ein Großteil der verfügbaren Energie verbraucht sich in vitalen und animalischen Funktionen des täglichen Lebens, in den Tätigkeiten, die das Überleben des Menschen und seine Fortpflanzung sichern. Bei den Tieren und den meisten Menschen ist die Energie dann praktisch erschöpft.

Bei geistig weiter fortgeschrittenen Individuen steigen große Mengen der Energie weiter nach oben und verwandeln sich schrittweise in seelische und geistige Prozesse, in der indischen Yoga-Lehre als der "Aufstieg der Kundalini" beschrieben.

Diese Kundalini symbolisiert die Summe der vorhandenen Lebenskraft: Steigt die vom "Lebensgrün" vermittelte Sonnenkraft über die "niederen Lebenszentren" hinaus, also über die Geschlechtsorgane und den Bauch bis in die Herzregion, blühen Mitgefühl und wahre Imaginationskraft auf. Steigt sie noch höher bis in die Kehlkopfregion, dann vernimmt der Mensch das Tönen der Sonne, das mystische OM. Erreicht die "Schlange" das

Stirn-Chakra, wird der Mensch alle illusionären Gegensätze überwinden und zur Gotteswahrnehmung befähigt. Er erkennt, dass das Licht des Himmels, welches ihm durch die Pflanzen das Leben schenkt und seinen Geist befeuert, nicht anderes ist als die LIEBE GOTTES. Er erkennt das SELBST, das in allen Dingen ist und das man als GOTT, als SHIVA, den Gütigen, den Gnädigen bezeichnet hat. Es ist dasselbe Wesen, welches auch als AMSADSHIVARA, als "Herr der Pflanzen" angerufen wird. **Man erkennt, dass es seine Energie, seine Shakti ist, die das Universum als Licht, Leben und Liebe durchströmt.** Erreicht und durchbricht nun die aufsteigende "Schlange" die Schädeldecke, dann wird eine Lichtaura aufleuchten, wie sie in den Darstellungen von Heiligen erscheint als deren "Heiligenschein". Wenn dies geschieht, schließt sich der Kreis: Das Lebenslicht vereinigt sich wieder mit seinem Ursprung. Gott und das wahre Selbst werden als ein und dasselbe erfahren: NIRWANA = das Auslöschen des Wahns der Trennung. Dieses "Explodieren" der Schädeldecke bedeutet das Ende der Ego-Besessenheit, es ist das Aufsprengen der Grabesgruft und die AUFERSTEHUNG DES

EIGENEN SELBST. Dieser Vorgang gleicht dem Aufsprengen der Samenhülle, welches der Pflanze erlaubt, sich erneut mit dem nährenden kosmischen Licht zu verbinden, zu wachsen, zu blühen und vielfältig neue Frucht zu tragen.

Und so erhalten die Pflanzen nicht nur unseren Leib. Sie nähren auch unsere Seele und ermöglichen die Erleuchtung unseres Geistes. Ihr Dasein ist Darbringung, ist Opfer und selbstlose Liebe. Die Erde, auf der sie wachsen, ist selbst Opferaltar, und die Menschen, die ihren Segen empfangen, sind die "Opferpriester". Durch Pflanzen wird das äußere Licht der Sonne und der Sterne zum inneren Licht, das uns aus den Seelengründen entgegenstrahlt. Dies ist der Grund, weshalb die Pflanzen immer und überall als heilig und göttlich gelten.

Wachtraum

Der vorangegangene Text stellt eine vertiefende Erfahrung der früheren Übung “Mit der Natur atmen” dar. Dort findet ihr den Satz: “Alle Pflanzengötter und Devas gehören in das Reich der göttlichen Mutter.” Zum besseren Verständnis dieser Aussage haben wir eine Anleihe bei den alten Indern genommen, die in ihrer Weisheit allen anderen Völkern, ihren Mythen und Erkenntnissen weit voraus sind, wofür das komplexe System des Yoga und die Weisheit der Upanishaden mit verantwortlich sind.

Wir finden auch in diesem Text eine Verbindung zwischen den Ur-Klängen und dem Wachstum von Pflanzen. Der Inder meint also, dass es sich bei Pflanzen um “*... Meditanten handelt, die sich im tiefen Samadhi befinden. In vollkommener Ekstase, unbewegt, ganz dem Himmel hingegeben, meditieren* *sie den schöpferischen Ur-Ton OM, den die Sonne ohne Unterlass hervorbringt und herabstrahlt ...*" Und sie wähnen die Sphären als Wohnorte der Geistseelen der Pflanzen. Es ist immer wieder erstaunlich, mit welcher Leichtigkeit indisches Wissen das bohrende Suchen nach Wahrheit anderer, vor allem westlicher Kulturen überflügelt.

Wenn wir im ersten Versuch eine mehr allgemeine Annäherung an die Pflanzen durch erhöhte Aufmerksamkeit auf die Wahrnehmungen des inneren Ohres und der "frei schwebenden" Pflanzenenergien sowie durch das Fassen von ihren Seelen versuchten, so führt euch der zweite Versuch sehr viel tiefer, nicht nur in das Wissen, sondern in eure eigene Verantwortung und Möglichkeit hinein.

So wie Lernen eben immer nur schrittweise erfolgen kann, sind auch diese Wahrnehmungen des Erspürens, Kommunizierens und der Resonanz seitens "eurer" Pflanze nur durch ausdauerndes Üben und den festen Wunsch, aktiver Partner von Mutter Natur zu werden, zu erreichen.

Je mehr ihr euch aber den metaphysischen Erkenntnissen eurer Vorfahren, insbesondere jenem viele jahrtausendealten Wissen der großen indischen Seher und Heiligen, öffnet, desto leichter findet ihr auch (wieder) Anschluss an das jahrtausendelang in euch schlummernde Urwissen, das euch mit dem Leben auf eurem Planeten ganz allgemein und mit dem Kosmos im Besonderen verbindet. Mit diesem seid ihr über das "kollektive Unbewusste" ohnehin weit mehr verbunden, als ihr euch träumen lasst. Es ist der Traum indes einer jener Schlüssel, der euch Zugang zu diesem schlummernden Wissen eröffnet. Ihr müsst dabei aber noch lernen, **wach zu träumen**, um das Bewusstsein jederzeit an die inneren Bilder eurer persönlichen Erinnerung und an das globale Gedächtnis heranzuführen.

Ferner ist es wichtig, mit der rechten Gesinnung an den Geist der Dinge heranzugehen, weil ihr nur so Zugang zu den tiefen Dimensionen erhaltet, die euch direkt in das Herz der Natur und in das Zentrum des OM führen.

Versucht es mit dem "**Ton g**", und lernt zu lauschen, welche Antwort euch zukommt, sei es, dass ein Vogel über euch oder eine Glockenblume, eine Wegwarte oder ein Löwenzahn plötzlich zu singen anhebt ...

KUNDALINI-ÜBUNG
Die Auferstehung des eigenen Selbst

Zum runden Abschluss dieser Erfahrungen möge nochmals eine Kundalini-Übung führen, die ein tieferes, vielleicht sogar gewandeltes, endgültigeres Verständnis in euch bewirken könnte, als die bisherigen Übungen und Texte dies erreichen konnten. Es ist ja jede Übung nur dann von wirklichem Nutzen, wenn sie in ihrer Essenz und "Geschichte" - im Kontext der eigenen Möglichkeiten - nachvollziehbar ist.

Wenn diese "Geschichte" hier nun auf einen Punkt gebracht wird, der auch die Kundalini als Teil eurer Urerfahrung - in Verbindung mit den bewusstseinserweiternden Möglichkeiten durch die sogenannten Pflanzengötter - beschreibt, so mag die eigentliche Bedeutung des Wortes "Nirwana" - das Auslöschen des Wahns der Trennung - auch ein umfassendes Verständnis für die Inhalte von *Ein Kurs in Wundern* ermöglichen, in dem es ja um die identischen Erfahrungen und Ziele geht.

Der Hintergrund von *Ein Kurs in Wundern* ist euch vertraut, er stammt aus eurer eigenen Geschichte. Der Hintergrund, vor dem die indischen Seher und Rishis ihr Wissen erwarben, ist euch nur schemenhaft vertraut - verbunden indes sind alle durch das **fünfte Element**, den Äther, in dem das Gedächtnis der Welt (akasha) ruht.

Diese "Akasha-Ebene" gehört zur niederen Astralebene und ist ebenso der Raum-Zeit-Illusion unterworfen wie alles andere, was zur irdischen Welt gehört. Wir zitieren Sathya Sai Baba: *"Das Karma-Gesetz von Ursache und Wirkung hat seine Gültigkeit nur bis in die Astralebene, also bis in jene Zonen, in denen die Vergangenheit, die Gegenwart und die Zukunft in ihren Umwandlungsprozessen auf die irdische Welt zurückwirken. Dieses Gesetz ist in der höheren Astralebene, in der Mental- und Kausalebene, aufgehoben, ebenso wie alles Räumliche und die Zeit."*

Auch mithilfe der Pflanzengötter und des Ur-Tons, auf dem die Erde und alles Leben schwingt, wird es möglich sein, diese niedere Astralwelt eines Tages zu überwinden, um in jenen Zustand zu gelangen, den wir die "Auferstehung des eigenen Selbst" nannten, was, wie schon erwähnt, dem Aufsprengen der Samenhülle gleicht, welches es der Pflanze erlaubt, sich mit dem nährenden kosmischen Licht zu verbinden.

Übung

So verfolgen wir noch einmal dem Lauf der Kundalini von ihrem Ruheort aus und übernehmen die Bildersprache des vorangegangenen Textes:

Die Kundalini symbolisiert die Summe der vorhandenen Lebenskraft: Steigt die vom "Lebensgrün" vermittelte Sonnenkraft über die niederen Lebenszentren hinaus, also über die Geschlechtsorgane und den Bauch bis in die Herzregion, blühen Mitgefühl und wahre Imaginationskraft auf. Wir imaginieren dies nun ...

Steigt sie noch höher, bis in die Kehlkopfregion, dann vernimmt der Mensch das Tönen der Sonne, das mystische OM. Wir lassen uns ganz lange auf diese Wahrnehmung ein ... und intonieren das OM ...

Erreicht die "Schlange" das Stirn-Chakra, wird der Mensch alle illusionären Gegensätze überwinden und zur Gotteswahrnehmung befähigt. Er erkennt, dass das Licht des Himmels, welches ihm - durch die Pflanzen - das Leben schenkt und seinen Geist befeuert, nichts anderes ist, als die Liebe Gottes. Wir lassen uns ganz auf diese Worte ein, versuchen sie im Geist nachzuvollziehen und halten nun "unsere" Pflanze imaginär mit ihrer Wirkkraft in unserem Stirn-Zentrum fest ...

Man erkennt das Selbst, das in allen Dingen wohnt und das man als Gott, als SHIVA, den

Gütigen, den Gnädigen bezeichnet hat. Es ist dasselbe Wesen, das auch als AMSADSHIVARA, als "Herr der Pflanzen", angerufen wird. Man erkennt, dass es seine Energie, seine SHAKTI ist, die das Universum als Licht, Leben und Liebe durchströmt. – Und wieder verbinden wir uns mit jener Kraft, die aus diesen Worten in unser ganzes Sein strömt, und spüren die Verbindung von SHAKTI und SHIVA in unserem Dritten Auge, von wo sie nun als eine, als geeinte Kraft nach oben durchbrechen ...

Erreicht und durchbricht die aufsteigende Schlangenkraft die Schädeldecke, dann wird eine Lichtaura aufleuchten, wie sie in den Darstellungen von Heiligen erscheint als deren "Heiligenschein". Wenn dies geschieht, schließt sich der Kreis: Das Lebenslicht vereinigt sich wieder mit seinem Ursprung. Gott und das wahre Selbst werden als ein und dasselbe erfahren: NIRWANA = das "Auslöschen des Wahns der Trennung". Dieses "Explodieren" der Schädeldecke bedeutet das Ende der Ego-Besessenheit, es ist das Aufsprengen der Grabesgruft und die Auferstehung des eigenen Selbst.

Wir lassen uns unendlich viel Zeit für diese Erfahrung, die wir nicht nur den Worten nach mit vollziehen ...

Wir erleben das Schließen des Kreises mit allen Sinnen und gehen ganz in die Wahrnehmung, dass unser Lebenslicht sich nun wieder mit seinem Ursprung verbindet ...

... bis unsere Schädeldecke innerlich derart "explodiert", dass wir die Auferstehung unseres Selbst wie das Aufsteigen des Phönix aus der Asche erleben ...

Wir erheben uns aus dem Gehäuse des niederen Menschen - wie aus einem Grab - und verschmelzen mit dem göttlichen Menschen in der Glückseligkeit des Augenblicks ...

Der Atem – Geheimnis des Lebens

Durch das Wissen um den Atem können die Elemente eure Freunde werden. Der Mensch und die Elemente werden eines Tages zusammenarbeiten, und daraus wird für den Planeten etwas Wunderbares entstehen. Das Geheimnis besteht in der Macht des Atems und in eurer Liebe durch Erkennen. Und so könnt ihr durch solche Erkenntnis dem Planeten dienen. Der bewusste Mensch kann sagen "Ich bin" oder "Ich werde", denn er kennt sich selbst und weiß, dass einzig durch ihn die Dinge wieder zu ihrem Ursprung gelangen können. Allein durch den bewussten Menschen können die Königreiche dieser Erde wieder zu ihrem Ursprung zurückkehren. Erst durch eure Anerkennung kann vielleicht alles Lebendige eines Tages erkennen, dass es geliebt wird. Diese Anerkennung gilt jedoch nicht nur der "äußeren Form" des Lebens, wie schön sie auch immer sein mag, sondern sie richtet sich auf die "innere Essenz" und auf die der Form innewohnenden Qualitäten - egal, ob es sich um einen Stein, eine Pflanze, ein Tier oder einen Menschen handelt.

Eine tiefe Freude durchflutet uns, wenn wir begreifen, dass wir einander immer schon kennen. Tatsächlich sind wir alle schon immer zutiefst miteinander vertraut. Wenn ihr dies eines Tages im Geheimnis des Atems ganz wahrnehmen könnt, seid ihr auch imstande, euch noch mehr füreinander zu öffnen. Ihr könnt dann dem Augenblick vertrauen und das Wissen um die Liebe miteinander teilen.

Wenn ihr euch gegenseitig im Namen Gottes liebt, so bedeutet dies, dass wir alle nicht voneinander getrennt, sondern einzigartige Beispiele der Einheit sind. Und wenn ihr in Liebe beisammen seid, wird etwas Großes in der Welt freigesetzt. Die ganze Welt ist genau "hier", und wenn ihr in Liebe - das heißt im Gebet - zusammensitzen könnt, dann geschieht in der Welt in diesem Augenblick etwas höchst Wunderbares - und darin besteht die Kraft und das Wunder der Liebe.

Hört nie auf, einander so - auf eure ganz besondere Weise - zu lieben. Wisst euch getragen und gestärkt von allen unsichtbaren Wesen, die dem Geist der Liebe dienen, wie auch von eurem Lehrer.

Ich bin mit euch diesen Weg gegangen,
damit ihr Sehende und Hörende werdet.
Ich bin immer in eurer Mitte
und segne euch aus der Tiefe
meines Herzens.

Saint Germain

EIN WORT ZUM SCHLUSS

Hier endete das "Kapitel Natur" in unserer Woche mit Saint Germain im Schwarzwald. In den Tagen danach waren andere Themen an der "Tagesordnung".

Durch unseren mehr als sechsjährigen Schulungsweg mit unserem Lehrer zieht sich wie ein roter Faden die Frage "Wer oder was ist Gott?". Saint Germain sagt, dass nicht tausend Milliarden Begriffsfindungen ausreichen würden, um das Ur-Prinzip mit all seinen Facetten zu beschreiben. So ist es leicht nachvollziehbar, wenn er meint, dass es nicht die Aufgabe des Menschen sei, Gott zu ergründen oder zu begreifen, weil das, was wir Gott nennen, nicht zu ergründen und nicht zu begreifen ist.

Aber "das Wesen göttlichen Wirkens", wie er es ausdrückte, können wir erleben – in unserem Inneren, aber auch im Außen, beispielsweise in der Natur und der "Natur hinter der Natur", wie ich es gerne nenne. Was das vorliegende Buch beschreibt, ist ein kleiner, aber für uns Menschen gerade in der heutigen Zeit überlebenswichtiger Ausschnitt, eine winzige Facette aus dem Wesen göttlichen Wirkens.

ANHANG
Saint Germain über die Schöpfung

Hier stelle ich Ihnen zwei Texte Saint Germains über die Schöpfung vor, die nicht Teil unserer Woche im Schwarzwald waren, mir aber für das vorliegende Buch geeignet erscheinen.

Der erste Text ("Der Ursprung der Welt") behandelt das Rätsel, das viele spirituelle Menschen bewegt: Wie konnte es geschehen, dass wir uns "damals" von unserem Ursprung (vermeintlich) getrennt und uns aus der Einheit heraus in die Materie, in die Polarität begeben haben.

Den zweiten Text "Mikrokosmos – Makrokosmos" habe ich dem bereits erschienenen Buch *Kabbala und Rosenkreuz – Saint Germains Vermächtnis* entnommen, weil er in den Kontext des vorliegenden Buches passt.

Der Ursprung der Welt

Der Ursprung der physischen Welt entstammt dem reinen Denken, in dem ununterscheidbar alles eins ist, nichts ist dort voneinander geschieden. Doch wie konnten aus dem reinen Denken, aus der absoluten Einheit Nach-Schöpfer, Schöpfungen und Geschöpfe hervorgehen, deren Formgeber - aber nicht Schöpfer (!) - Gott ist?

Der Geist vom Geist, den in Gott ruhenden Gotteskindern innewohnend, schuf einen winzig kleinen Gedanken als Ab(zieh)bild der göttlichen Vollkommenheit, in der **alles** enthalten war, und formte ihn zur Idee. Man könnte auch sagen, die Gotteskinder "entnahmen" der Lichtquelle, der Vollkommenheit spielerisch einzelne "Lichttropfen", Bilder, und erkannten in ihnen einen "Stoff, aus dem man Träume formt". Sie fingen an, ganze Bilderfolgen aus dem Meer des göttlichen Gedankenuniversums heraus zu "träumen" und schufen so bald den Traum für ihre neue Daseinsform. Sie diskutierten die Frage, ob sie sich selbst und diese "entnommenen Bilder" vielleicht gänzlich vom

"Vater" isolieren könnten, um zu erfahren, ob sie auch "ein Leben aus sich", ein bewusstes Leben außerhalb der "Quelle" gewinnen könnten.

Diese Gedankensplitter, diese im "Schlaf" empfangenen Antworten formten sich in ihrem unwachen Geist zu Ideen, die sich nach und nach immer mehr verselbstständigten und sich langsam und unmerklich vom All-Geist zu isolieren begannen. Die Einheit war aufgespalten worden in die Vielheit des potenziell Möglichen, des zunächst nur im "Schlaf" Gedachten. Die Gotteskinder hielten ihren "Schlaf" und die nicht enden wollenden "Träume" allmählich für einen Zustand des Wachbewusstseins, sie wussten den Traum nicht mehr von ihrem wachen (= wahren) Sein zu isolieren.

Die Schöpfung als Ausgestaltung der in Gottes Geist enthaltenen Bilder war nun potenziell in ihrer "Traumwelt" **möglich** geworden. Es bedurfte nur noch eines "Gefäßes", in das sie ihre schöpferisch hervorgebrachten Gedankenkeime projizieren konnten, sie also "materiell" umzusetzen vermochten.

Dieses "Gefäß" konnte nicht aus sich selbst entstehen, es brauchte eine Heimstatt, eine "geschaffene

Traumhülle" und eine dem Ursprungsbild adäquate äußere Form - den "fleischgewordenen" Menschen, ADAM, als Abbild des Vollkommenen -, in der sich die Gedanken und Ideen der Gotteskinder, die sie als "Blaupause" aus der "Matrix" - dem Meer der Unendlichkeit, des absoluten Seins - "entwendet" hatten, nun nach und nach zu gebundenen und sich schöpferisch entfaltbaren Energieformen zu entwickeln vermochten.

Adam, das Geschöpf, aber vergaß die ursprüngliche Heimat und seine Schöpfer und sank immer tiefer in die Materie, die er sich "untertan" machte und als sein Eigentum betrachtete.

Nur im Schweigen, in der Stille ist er fähig, die Stimme seiner Schöpfer zu vernehmen, die ihn rufen, aufzuwachen und wieder, wie sie selbst, zur Quelle heimzukehren.

Deshalb ist der Mensch göttlich,
zu physischen Nachschöpfungen fähig –
und dennoch eine Schöpfung
außerhalb von Gottes Willen.
Gott ist!

Alles ist darin als Möglichkeit enthalten.
Da Gott alles ist,
sind auch die Gedanken und Ideen sein.

Er ist deren erste Ursache, aber nicht ihr Schöpfer
und somit auch nicht der Schöpfer des Sichtbaren,
da in ihm kein Wille zur Tat vorhanden ist.
Warum sollte er etwas ins Dasein rufen,
das anfangs- und endlos in Vollkommenheit
in ihm vorhanden ist?

Mikrokosmos - Makrokosmos

Die materialistische Weltanschauung, die auf erkenntnistheoretischen Grundlagen aufbaut, hat zwei besorgniserregende Faktoren zu verantworten. Da ist einmal der technomanische und technokratische Rausch, der alle "am falschen Ende" erfasst hat und mit dem die Menschen offenbar ihr eigenes Ende in Szene zu setzen gedenken. Und da ist andererseits das, was aus einer "Gegenbewegung" zu obigem Phänomen hervorgegangen ist, sich im Gebrauch der verfügbaren Werkzeuge aber geirrt hat und nun auf Halbwahrheiten wie auf einer glühenden Offenbarung sitzt und nicht mehr weiß, wozu die aufgefundenen Werkzeuge wirklich taugen. So war es mein Anliegen, euch zu lehren, mit diesen Werkzeugen sinnvoll umzugehen.

Solange die Wissenschaft glaubt, dass das LEBEN ein unter Laborbedingungen nachvollziehbarer, chemophysikalischer Vorgang ist, den man auch mit Genmutation/-manipulation über das vom Schöpfer vorgegebene Maß hinaus gewinnbringend "vermarkten" kann, muss es nicht wundernehmen, dass Krankheiten des Gemütes und des Gehirns sowie rasante, global zu beobachtende Verschlechterungen des Immunsystems, also der inneren Abwehr, bei Mensch und Tier solchen "Wahnsinn" auch öffentlich illustrieren (in den Neunzigerjahren war der sogenannte "Rinderwahnsinn" ein öffentliches Thema). Solange Leben als "ein sich selbst erneuerndes Kapital" betrachtet wird, wird die Natur unbarmherzig zurückschlagen.

Damit der Mensch aber wieder fähig wird, in das Wesen der makrokosmischen Natur einzudringen, benötigt er klare Sinne. Er muss wieder die Natur beobachten lernen und darf diese Beobachtungen nicht durch einfache, sinnentleerte Übertragungen, Wunschdenken, Abstraktionen oder blinde Fantasien trüben. Jedoch braucht jede Wahrnehmung - die innere wie die äußere - Begriffe, Worte und Bilder, die die Träger des Gedankens sein können und durch die solche Gedanken mitteilbar werden. Der Mensch ist fähig, "rein" wahrzunehmen, aber zum Mitnehmen solcher Wahrnehmung muss er ein treffendes Sinnbild wählen. So lehrt die Alchemie: *"Der Wein des klaren Geistes braucht Schläuche, Fässer und Flaschen."* Diese Hüllen und Umkleidungen werden durch die mythologischen Strukturen und durch die Sprache selbst gegeben, die aus den jahrtausendealten Kulturen geformt wurde. Märchenbilder, Sagen und alchemistische Allegorien können also die Träger des Verständnisses exakt erkannter Naturvorgänge sein. Das wunderbarste Beispiel hierfür finden wir in der "Chymischen Hochzeit des Christian Rosenkreuz" (siehe *Kabbala und Rosenkreuz – Saint Germains Vermächtnis*).

Es muss diese allegorische Sprache mit ihren Metaphern und ihrer eigenen Grammatik aber beherrscht werden, damit sie jedermann verstehen kann. Und so finden wir überall eine reiche Bilderwelt. Die alten Völker, wie Asen, Germanen, Griechen, Inder und so weiter, kleideten ihr großes Naturverständnis in Sagenmotive und Götternamen und in deren aus der Natur übertragenes Wirken. Der Mensch der technischen Neuzeit aber verfügt nicht mehr über eine umfassende Bildung, und so kennt er zwar Microchips und Bytes, ist aber nicht mehr in der Lage, die Dichtung Goethes in ihrer Tiefe zu verstehen, der sich so sehr der Bilderwelt der alten Griechen bediente, um sein eigenes umfassendes Naturverständnis zu illustrieren. Wer von euch vermag sich unter Oberon, Daphne, Epaphos und Circe oder Schwager Kronos etwas Konkretes, das auch in seinem eigenen Leben wirkt, vorzustellen?

Macht es etwas aus, wie man Phänomene deutet? Oh ja, denn so wie man eine Sache betrachtet und begreift, so wird man sie auch behandeln. Nehmen wir hierfür ein konkretes Beispiel: Man kann Behinderte, wie heute üblich, als Fehlprodukte der Natur, als deren Entgleisungen ansehen und sie entsprechend behandeln. Oder man erkennt sie als Kinder Gottes, die zum Beispiel Schwierigkeiten hatten, sich in dieser Welt vollkommen, vollständig zu inkarnieren.

Eine imaginative Anschauung vermag bessere Bilder zu erzeugen, die der komplexen Realität mit ihren unzähligen Verwandlungen eher gerecht werden. Denn Bilder können mit Ganzheiten besser fertig werden als das mathematische und diskursive Denken. Bilder und Imaginationen repräsentieren tatsächlich vorhandene, übersinnliche Sachverhalte. Modern ausgedrückt würde man sagen, sie machen auf Parameter aufmerksam, die außerhalb unseres konzeptuellen Systems liegen.

Und so wird die Menschheit sich allmählich bewusst werden müssen, dass die Ansichten der materialistischen Wissenschaft "teuflische" Eingebungen sind, die nicht nur die Seele, sondern alles Lebendige außer Acht lassen. Kabbala und Alchemie liefern solche Parameter, die die moderne Denkart nicht ausschalten, aber Brücken von hier nach dort zu bauen vermögen. Und wenn Goethe mit seiner anschauenden Urteilskraft manche "Naturrätsel" zu lösen vermochte, wie sollte der Mensch der heutigen Computerzeit mit seinen erweiterten Möglichkeiten nicht ebenso - und noch weit mehr - dazu befähigt sein? Mag er doch seine Microchips und Bytes hierfür als Werkzeug einsetzen.

Meister Goethe hat drei Begriffe eingeführt, die das Wesen des Lebendigen auszeichnen und es vom toten Mechanismus unterscheidbar machen:

1. Die POLARITÄT als dauerndes Wechselspiel von Ausdehnen und Zusammenziehen. Wir erkennen darin mit geschultem Sinn die Ausdruckskraft von YIN und YANG.

2. Die METAMORPHOSE - alles verwandelt sich und "metamorphosiert" von einem unsichtbaren Inneren heraus.

3. Die STEIGERUNG: Je mehr sich in einem System befindet, umso mehr Leben kann es tragen und erzeugen. Jeder Organismus wird von sich gegenseitig steigernden Lebenskreisläufen und Geselligkeiten, also Symbiosen, und nicht von sich abbauenden Konkurrenzen gekennzeichnet.

Nun muss man sich eine anschauende Urteilskraft erwerben, mit der solche Erscheinungen auch verstanden werden. Es ist dies eine Art von Hellsehen, die es dem Menschen nun erlaubt, mit dem ganzen Wesen und nicht nur mit den äußeren Symptomen zu arbeiten, zu kommunizieren. Bei jeder "Erscheinung" muss sofort die dazugehörige Polarität erkannt werden, auch wenn diese nicht sofort sichtbar ist. Man muss die Stufen der Metamorphose kennen, damit man weiß, wie Leben sich entwickeln kann. In seinem Inneren muss der Mensch also jeden Schritt, den Leben im Makrokosmos vollzieht, mit vollziehen. Er muss dabei immer die Ganzheit im Auge behalten. Und er muss die Polaritäten zu steigern wissen, um sein eigenes Leben zu einer immer vollkommeneren Lebendigkeit zu führen.

Und dort nun knüpfen wir noch einmal an ein Thema an, das wir bereits in einem früheren Text beleuchteten. (Veröffentlicht in den beiden Büchern *Saint Germains Vermächtnis. Ein westlich-abendländischer Einweihungsweg* und *Kabbala und Rosenkreuz – Saint Germains Vermächtnis.*) In den alten statischen Kastengesellschaften, wie man sie in Indien (leider noch immer) und auch im alten Europa hatte, nahm man den ewigen Kreislauf des Wechsels und der Verwandlungen (Polarität und Metamorphose) wahr, aber der Gedanke einer Entwicklung, einer Evolution des Lebens stand weniger im Vordergrund. Man richtete das Augenmerk auf die ewigen Urbilder und weniger auf die Unbeständigkeit der weltlichen Dinge, in denen sich diese Urbilder manifestieren.

Nach den Überlieferungen dieser Kulturen ist die Welt die Schöpfung der Götter, die zuerst den Makrokosmos als androgynen UR-ADAM (ADAM KADMON, YMIR, PURUSHA oder GAYOMARD) schufen und dann im zweiten Schöpfungsakt den "kleinen Menschen", den zweigeschlechtlichen Mikrokosmos hervorbrachten.

Die biblischen Offenbarungen verblassten zunehmend und erstarrten im Laufe der Jahrtausende zu einer Karikatur, die im 19. Jahrhundert niemand mehr so recht glauben wollte. Und man begann, die Materie, also den unbelebten Stoff, als Grundlage und Ursprung darzustellen. Die neuen "Hohepriester" solchen Glaubens erklärten mit Ernst und Würde, dass sich Leben, Seele und Bewusstsein aus der molekularen Komplexität der Materie entwickelt haben. Schon Darwin beschreibt diesen Weg der Materie vom leblosen Zustand bis zur heutigen Entwicklung detailliert, und dieses materialistische Gedankengut hat seine Gültigkeit bis heute in den Hochschulen bewahrt und ist den wirtschaftlichen Zielen der Gesellschaft angemessen und angepasst. Und so erlaubt eine rücksichtslose Ausbeutung allen Lebens, wie Massentierhaltung, Mechanisierung, Genmanipulation, Giftanwendung nie gekannten Ausmaßes und Versalzung ehedem lebendigen Bodens, die Entfremdung des Menschen von seiner *BeRUFung*.

Nun traten die theosophischen Esoteriker, wie Frau Blavatzky, Franz Hartmann und wenig später Rudolf Steiner, als Antwort auf solchen Materialismus auf den Plan. Sie haben noch zu Zeiten Darwins den Versuch unternommen, den evolutionären Vorgang umzukehren. Sie wollten aufzeigen, dass die Materie ein Endprodukt des Lebens ist und diese wiederum als Schöpfung des Geistes zu verstehen sei. Sie versuchten dies anhand einer vierstufigen, absteigenden Entwicklung darzustellen, die von den geistigen Archetypen über die Weltenseele in die Lebenskräfte und schließlich in die sichtbar manifestierte Materie verläuft. Die Serien von Impulsationen, in denen sich diese Entwicklungen zwischen Wirken und Ruhepausen vollziehen, nannte man in Anlehnung an altes indisches Wissen “Tage und Nächte Brahmans”. Es sind diese Begriffe und Bilder aber unendlich viel kostbarer und komplexer, da nicht seltsam verwässert, im Ursprung selbst, also in den alten indischen Schriften nachzuvollziehen.

Rudolf Steiner ging dann noch sehr viel weiter in die Bewusstseinsvorgänge hinein, denen er seinen persönlichen Stempel aufdrückte und sich damit noch weiter als die Theosophen vom Weistum der Kulturvölker entfernte. Nicht zu leugnen ist der profunde Einfluss der Anthroposophie auf die Forschungsresultate des biologisch-dynamischen Anbaus, der bis heute nachwirkt und einem neuen Denken Raum schuf. Die autokratischen Strukturen seines Denkens aber sind ebenso abzulehnen wie die zum Teil abenteuerlichen Auslegungen der alchemistischen Vorgänge, die zu vertiefen seine ehrenwerte Absicht war, die er aber durch seine Persönlichkeitsstruktur in Verruf brachte. Niemand, der an echter Alchemie interessiert ist, wird sich heute noch in den hölzernen Darstellungen Steiners zurechtfinden können.

Es war und ist erfreulich, dass solch charismatische Persönlichkeiten dem Denken und Treiben Darwins und seiner Nachfolger Grenzen setzten. Leider aber sind diese charismatischen Persönlichkeiten an ihrem eigenen Charisma gescheitert. So ist zu hoffen, dass die neuen Generationen nur noch die hinterlassenen Materialien, nicht aber die Anleitungen zu deren alchemistischer Umwandlung von den theosophischen und anthroposophischen Ahnvätern übernehmen.

Was aber können wir daraus lernen? Jeder sich inkarnierende Mensch macht alle Stufen der endlos langen Evolution noch einmal durch, vom Embryo im Meer des Mutterschoßes, zum Säugling, zum Kind und Jugendlichen. Dann ist er physisch erwachsen. Die ätherischen Kräfte, die ihm dies ermöglichten, ihn also aufrichteten, ihn wachsen und sich bewegen ließen, sind nun freigesetzt, um bewusst dem Geist zu dienen. Dieser Geist drückt sich in Wort und Gesang aus. Erst der Mensch kann durch sein Wort sein Verhältnis zur Welt, zum Makrokosmos objektivieren. Er kann Abstand nehmen, aber sich auch verirren. Er kann einer höheren Bestimmung dienen als nur dem Essen, Schlafen, Zeugen und Sicherhalten. Er kann also seine weitere Entwicklung und die Zukunft der Erde selbst bestimmen. Dies alles vermag er trotz seiner Schwächen. Die blinde und taube Helen Keller konnte Dank des innewohnenden Geistes Tausenden von behinderten Menschen zum Vorbild, zur Trösterin werden. Beethoven konnte einen Großteil seiner Werke den Göttern abringen, obwohl er völlig taub war. Und im Gegensatz dazu ist ein stummes oder blindes Tier ein armes Wesen, weil ihm das Licht noch nicht von innen leuchtet. Deshalb verlässt es den Leib, um in die Arme des Makrokosmos zurückzukehren, wo sein Geist übersinnlich bei der Großen Seele in der Ebene der Heiligen lebt.

So ist die Evolution etwas ganz anderes, als Darwin sie darstellte. Sie ist die Herausgestaltung des Mikrokosmos aus dem Makrokosmos. Die Tierbrüder des Menschen haben diesen bis zu einem gewissen Punkt begleitet, bleiben aber dem himmlischen Vater und der Erdmutter treu. Insoweit sie zu Haustieren werden, wird der Mensch ihnen Vater und Mutter. Diesen Perspektiven muss der Mensch sich, so er Evolution wirklich verstehen will, bewusst sein, um ihnen auch gerecht zu werden. MIKROKOSMOS und MAKROKOSMOS – diese beiden

Begriffe vermögen wir oberflächlich nun vielleicht zu verstehen.

Wenn wir die alten vergilbten Schriften der Alchemisten und Rosenkreuzer ein wenig durchblättern, tritt uns eine gar eigentümliche Welt vor Augen. Da wird die große Natur mit Wäldern, Tieren, Meeren, Winden, Wolken und dem gestirnten Himmel als riesengroßer Mensch gedacht. Dieser Riesenmensch hat einen von magischen Kräften durchdrungenen Leib, den wir als die sichtbare Natur wahrnehmen. Aber, so berichten die Manuskripte weiter, er hat auch eine Seele, die *anima mundi*, die Weltenseele, die die Weisungen des Weltengeistes, der hinter dem sichtbaren Sternenzelt wohnt, fühlend, also empfindend entgegennimmt und ihnen in unzähligen Formen und Gestalten Ausdruck verleiht. Dieser Riesenmensch wurde mit vielen Namen belegt, wovon Makrokosmos der geläufigste ist. Der Mensch wird nun dieser ältesten Philosophie zufolge als ein getreues Spiegelbild des Makrokosmos angesehen - im kleinen Format, der Mensch als "Salzextrakt", der sämtliche Teile und jegliches Element des Großen in sich hat. So hat der Mikrokosmos ebenfalls einen kräftedurchwirkten Leib, eine wahrnehmende, fühlende Seele und einen ordnenden, individuellen Geist, der seinem Wollen und Erkennen zugrunde liegt.

Der Mensch nun arbeitet mit den irdischen Kräften, den Erdkräften, zusammen und erkennt auf diese Weise das Götterwirken auf der Erde – wie oben, so unten. So möchte ich euch ermuntern, die *Tabula Smaragdina* mit einem neuen oder gewandelten Verständnis zu lesen:

TABULA SMARAGDINA
Und so wird alle Finsternis von dir weichen:
Es ist wahr, ohne Lüge und wirklich,
was oben ist, ist wie das, was unten ist,
fähig, die Wunder des Einen auszuführen.
Und wie die Dinge aus Einem gekommen sind,
nämlich durch das Denken des Einen,
so werden auch alle Dinge aus diesem Einen
durch Annehmen geboren:
Die Sonne ist sein Vater, der Mond seine
Mutter.

Der Wind hat es in seinem Leibe getragen,
die Erde ist seine Amme.
Dies ist der Vater aller Vollkommenheit und
Wunder
in dieser und der anderen Welt.
Seine Stärke und Macht sind unbeschränkt,
wenn sie in Erde verwandelt werden.
Du wirst die Erde vom Feuer, das Zarte vom
Groben trennen, sanft und sorgfältig.
Es steigt von der Erde zum Himmel hinauf und
steigt wieder herab auf die Erde,
um die Macht der höheren und niederen
Wesen zu empfangen.
Du wirst durch dieses Mittel allen Ruhm der
Welt besitzen,
und alle Dunkelheit wird von dir weichen.
Bei Ihm ist die Kraft – TELESMA –,
die stärkste aller Kräfte;
die Kraft hinter der Kraft.
Denn es wird jedes feine Ding überwinden
und in jedes feste Ding eindringen.
So wurde die Welt geschaffen.
Aus diesem werden entstehen und
hervorgehen

wunderbare Anwendungen,
zu denen die Mittel hier gegeben sind.
Darum werde ich Hermes Trismesgistos,
der dreimal Mächtige, genannt,
denn ich bin im Besitze der drei Teile
der Philosophie der Welt.
Und was ich über das Wirken der Sonne
gesagt habe,
hat sich erfüllt.

(Aus dem Französischen nach der Übersetzung von Omraam Mikhael Aivanhov. Abdruck mit freundlicher Genehmigung des Prosveta Verlages.)

Um nun all sein Wirken, sein Eingebundensein in den großen Kreislauf verstehen zu können, schaut er hinauf zum gestirnten Himmel. Auf diese Weise entstand der Tierkreis. Es handelt sich hierbei um einen Ring von Fixsternen, an denen die Planeten, die Sonne und der Mond in ihren Kreisläufen vorbeiziehen. Schon in babylonischer Zeit wurde dieser Ring in zwölf verschiedene Regionen unterteilt, die jeweils einer Körperstelle des Menschen entsprachen. Es war dies der große kosmische Mensch, der Meganthropus, dessen Abbild der Mikrokosmos, der kleine

Mensch auf Erden ist. Vom Tierkreiszeichen des Widders zum Beispiel empfand man die herunterströmenden Kopfkräfte, vom Stier Halskräfte, von den Zwillingen Schulter- und Armkräfte und so weiter durch den ganzen Tierkreis, bis man zum Zeichen der Fische kam, von denen die Fußkräfte des Meganthropus herunterstrahlten.

Durch den Tierkreis also wirken die Urbilder auf die Erde herab. Diese Kräfte und Urbilder werden aber jeweils verändert, verstärkt oder geschwächt, wenn sich ein Planet in einem Zeichen befindet. So kann man sagen, dass ein Mars, der vom Skorpion her leuchtet, weniger Gutes verheißt, als wenn er von der Jungfrau her leuchtet. Eine Sonne im Löwen (August) ist eine heißere, stärkere Sonne, als wenn sie matt von der Richtung des Steinbocks oder Wassermanns her leuchtet. Ein Vollmond im Stier hat eine ganz andere Qualität als einer in den Fischen. Daraus wurden viele Regeln, die sich vornehmlich auf die Mondphasen bezogen, abgeleitet, mit denen man sogar die nähere Zukunft deuten konnte.

Diese bunte "Volkswissenschaft" wurde nach Erfindung der Buchdruckerkunst von großen Eingeweihten wie Paracelsus, Agrippa von Nettesheim oder Trithemius mit neuplatonischem und kabbalistischem Gedankengut kombiniert und systematisiert und damit einer größeren Allgemeinheit zugänglich gemacht. Astrologie aber ist ohne das Wissen um die vier Elemente ungenügend. Schon in der vorsokratischen Tradition im alten Griechenland finden wir die Auffassung, dass die Schöpfung aus vier Elementen, dem Feuer, der Luft, dem Wasser und der Erde, zusammengesetzt ist.

Diese alte Elementenlehre wirkt recht primitiv im Vergleich zu den über hundert Elementen, mit denen die moderne Chemie heute arbeitet. Man lasse sich jedoch nicht täuschen, denn was man früher "Element" oder "Grundstoff" nannte, bedeutet etwas ganz anderes als das, was man heute mit diesem Wort bezeichnet. Aristoteles formulierte dies folgendermaßen: *"Aller Urgrund der Dinge ist das Chaos, der verwirrte, durchmischte Urstoff, der als Möglichkeit aber alle Formen in sich trägt."* Diese Formen haben demnach potenzielles Sein. Nur wenn sie vom Kosmos, von den dort waltenden und ordnenden Kräften durchdrungen werden, können sie in Erscheinung treten und sich in vier Grundqualitäten manifestieren - in den vier Elementen. Kosmos wie Chaos können nicht als solche in Erscheinung treten, sie lassen sich nur in Form von verschiedenen Mischungen erkennen. Somit können alle Erscheinungen auf feurige, luftige, wässrige oder irdische Grundformen reduziert werden. Die Erscheinungen aber sind nicht nur bloße Zusammensetzungen, sondern innig vermischte Kombinationen, die sich ständig ineinander verwandeln können und nie in reiner Form, sondern nur in irgendeiner Vermischung zu erleben sind.

Jedes Element hat zwei Haupteigenschaften, die sich mit den anderen Elementen verbinden. Das Feuer ist trocken und heiß. Die Erde ist auch trocken, aber kalt. Trocken bedeutet so viel wie nicht klebrig oder haftend, im Gegensatz zum Wasser, das benetzt, oder zur Luft, die auch an allem haftet. Das Wasser ist kalt wie die Erde, aber feucht, und die Luft ist trocken und heiß. Die Elemente Feuer und Wasser sowie Luft und Erde bilden also Gegensatzpaare und stehen in dialektischer

Beziehung, die durch die Mittelpaare aufgelöst und vermittelt wird. All diese Begriffe finden sich in der *Tabula Smaragdina*. Erde und Wasser sind die schweren, passiven Elemente, Luft und Feuer die leichten, beweglichen und aktiven Elemente. Feuer, das leichteste Element, bildet schon eine Übergangsstufe zur unsichtbaren, geistigen Welt, die "feurig" beschrieben wird (und natürlich auch ist), und wirkt verwandelnd, läuternd, transformierend und transmutierend auf die anderen Elemente. Alles, was heiß, bunt, schnell und belebt wirkt, lässt das Feuerelement in sich erkennen. Im Gegensatz dazu ist das Erdelement manifest in allem, was dunkel, fest und kalt wirkt, ob nun im Blei oder im schwermütigen, melancholischen Gemüt. Wasser ist auch kalt und dunkel, aber es fließt, bewegt sich und lässt sogar Licht durch sich hindurch. Es umfließt alles und nimmt jegliche Form an. Wasser kann die Härte der Erde auflösen. Die Luft ist noch leichter und lebendiger als das Wasser. Sie hat das Fließende, Feuchte, aber auch schon das Warme in sich und gibt sich im Wind, im Dampf und im sanguinischen Temperament zu erkennen. Sie zeigt ihre Verwandtschaft zur Seele im Atem. So ist jede Erscheinung ein Gemisch der vier Elemente, aber einmal herrscht das eine Element (und Temperament), ein andermal das andere. Nicht nur in der anorganischen, mineralischen Welt manifestieren sich die Grundstoffe, sie geben auch allen Lebenserscheinungen Substanz.

In Vorzeiten stellte man sich die Kräfte, die hinter den Grundstoffen und ihren Verwandlungen zu finden sind, als Elementarwesen vor. So erlebte man bildhaft im irdischen Element das Schaffen der Gnome und Zwerge in den Wurzeln, Metallen und Kristallen. Im wässrigen Element, bei sprudelnden Quellen und dunklen Tümpeln, sah man Nixen und Undinen. In der Luft umwirkten Sylphen und Feen die Schmetterlinge und Blumen, und im Feurigen lebten Salamander und Feuergeister. Rudolf Steiner reduzierte dies auf "ätherische Bildkräfte" und sprach vom "Wärmeäther" und meinte die Kräfte, die im Feuerelement wirksam sind; er sprach vom "Lichtäther" als dem Luftelement, vom "Klangäther" als dem Wasserelement (weil Töne und Klänge chemische Verwandlungen des Wasserelementes seien) und vom "Lebensäther", was das Erdelement meint, dessen Kräfte an allen Erscheinungen des Lebens teilhaben.

Die vier Elemente können jedoch nicht erwähnt werden, ohne das fünfte Element, die QUINTESSENZ, die über die anderen vier waltet, zu beachten. Diese *quinta essentia* ist das BEWUSSTSEIN, das die Teile ordnet und in Harmonie zueinander bringt. Die Alchemie nun bedient sich aller dieser Erscheinungen, um die drei wesentlichen Prozesse zu vollbringen, die die Funktionen, Bewegungen und Veränderungen des Geschaffenen charakterisieren:

Die Kristallisation oder Präzipitation (Ausflockung) und Verhärtung - der SALPROZESS.

Dem entgegen steht der SULPHUR- oder SCHWEFELPROZESS, der Auflösung, Dissipation, Sublimation und Verflüchtigung bedeutet.

Der MERCURIUS- oder QUECKSILBERPROZESS vermittelt zwischen den beiden Extremen, dem zentrifugalen Sulphurvorgang und dem zentripetalen Salzvorgang.

Nach Paracelsus ist die Gesundheit der Natur auf die Harmonie, die Übereinstimmung der drei Prozesse angewiesen. Das Gleichgewicht zwischen ihnen wird nun durch den von ihm sogenannten "Archeus" (Ätherleib) hergestellt. Wenn dieser nicht funktioniert, fallen die Prozesse auseinander. Ein Teil verbrennt, verrottet oder verfault, während ein anderer Teil verhärtet oder verkrustet. Man betrachte die Vorkommnisse in der Welt von heute. Die alten Alchemisten, die wahren und weisen, fanden diese Dreiheit der Vorgänge nicht nur in der äußeren, physischen Natur vor, sondern auch als Prozesse der Seele und des Geistes.

Der Mensch muss sich also, da er die Quintessenz des Mikrokosmos ist, in das Salz des klaren, kristallinen Denkens, den Merkur einer beweglichen, mitfühlenden Seele und das Schwefelfeuer eines in der Welt wirkenden Willens verwandeln. Das bedeutet, dass die Elemente und Prozesse, die wir eben betrachtet haben, sowohl in der Natur, dem Makrokosmos, als auch im Menschen, dem Mikrokosmos, zu finden sind. Und so steht der Skeptiker des 20. Jahrhunderts allein auf weiter

Flur, denn dieser Grundgedanke bewegt seit jeher die Naturvölker ebenso wie die alten Philosophen. Der Mensch ist die "kleine Welt". Und in dieser befinden sich alle Elemente, Prozesse und Eigenschaften, die auch in der "großen Welt" zu finden sind. Beide Welten haben, wir sprachen es schon aus, eine innere und eine äußere Seite. Der Mensch lebt in der äußeren Seite des Makrokosmos, die das kleinste Sandkörnchen, alle Mineralien, Pflanzen und Tiere beinhaltet und bis in die Unendlichkeit der Sternenwelt reicht. Durch seine Gedanken, Gefühle, Instinkte, seine Träume, Erinnerungen, Imaginationen und Intuitionen kann der Mensch auch die Innenseite des Makrokosmos wahrnehmen, die *anima mundi*, die Weltenseele und den Weltengeist erkennen.

Da der Mikrokosmos Mensch also die gleichen Eigenschaften hat wie der Makrokosmos, vermag man daraus die erkenntnistheoretische Formel abzuleiten, dass es keine Erkenntnisgrenzen geben kann. Und dann kann man Goethe mit Gewissheit zustimmen, der seinen Faust sagen lässt: *"Du gleichst dem Geist, den du begreifst - nicht mir!"*

Man versteht also nur insoweit, als man voll Mensch geworden ist.

Die größten Gelehrten der Renaissance, Giordano Bruno, Agrippa von Nettesheim, Paracelsus und viele andere, formulierten längst den Zusammenhang der großen und der kleinen Welt innerhalb der hermetisch-kabbalistischen Tradition. Demnach geschah die Schöpfung des Makrokosmos und des Mikrokosmos in einer Folge von sogenannten Pulsationen. Der reine göttliche Geist (Wesen) brachte die Seelenwelt (Wirken) aus sich hervor. Die Seelenwelt veräußerte sich in einen Ozean der lebenden Kräfte (Weltenäther), und diese wiederum brachten die physische Erscheinungswelt (Werk) hervor, wie eine Schnecke ja auch ihr Gehäuse aus sich heraus erzeugt.

Einige Philosophen behaupten, dass der Mensch sich parallel zum Makrokosmos hin entwickelt. Nach anderen Meinungen ist er selbst das Produkt des Makrokosmos. Beide Ansichten sind richtig, es kommt dabei lediglich auf den Blickwinkel an. Bildhaft imaginiert man diesen unvorstellbar erhabenen Vorgang in dem Schöpfungsbericht des 1. Buches Moses, wonach der Vatergott alle Elemente - den Erdklumpen - zusammenfügt und den Menschen als *imago dei* (Bild Gottes) daraus erschafft, nachdem der Makrokosmos durch das WORT (Fiat) schon geschaffen war. Ein Bild, das dies alles wunderbar veranschaulicht und sich aus einer ganz anderen Tradition bis heute erhalten hat, obwohl keiner mehr um sein Geheimnis weiß, ist das des Osterhasen als Symbol für die Weltenseele, der die herrlich bunten Eier (Mikrokosmos) in die Nester (Erde als Ausdruck des Paradieses - Midgard) legt. Allen Bildern und Gedanken liegt das Verständnis zugrunde, dass sich Mensch und Natur nicht nur gleichen, sondern in Wirklichkeit eins, also wesensidentisch sind. In allen Aspekten und in jeder Hinsicht gibt es Entsprechungen und Sympathien zwischen beiden. Sie sind zueinander Spiegelbilder, wie wir es in der *Tabula Smaragdina* so wunderbar beschrieben finden.

Was man also in Milliarden und Abermilliarden von Einzelteilchen in den Naturreichen findet, findet sich auch konzentriert im Menschen, dem "Salz der Erde".

Was man als die Tierwelt im Makrokosmos wahrnimmt, findet sich in den Leidenschaften, Gefühlen, Begierden und in mannigfachen anderen Seelenäußerungen, die ihren Sitz im Herzschlag, im Atem und in den Muskeln der Menschen haben.

Das ewig wechselnd Wachsende, Keimende, Blühende und Welkende der Pflanzenwelt findet man in den Fantasien, Träumen und Bildvorstellungen (Imaginationen) des Menschen, deren Sitz in den Lymphen und im vegetativen System ist.

Das Reich der Mineralien, das der strengen, kausalen Gesetzmäßigkeit der Mathematik, Physik und Chemie unterworfen ist, findet man im Mikrokosmos in den strengen Gesetzen der Logik, im klaren Denken, das seinen Sitz in den Knochen und Nerven hat, den mineralisierten und am wenigsten lebendigen Zellgeweben des Körpers. Und das ist wohl der Hauptgrund, warum das logische, abstrakte Denken, der "verhärtete Kopf", so gut mit der physischen, materiellen Welt zurechtkommt, denn hier bewegen wir uns im Bereich der Mechanik und der Präzision. Dieses "tote Denken" aber ist nicht ausreichend für ein Verständnis der lebenden Welt der Menschen, Tiere und Pflanzen.

Da muss ein tieferes Verstehen, ein lebendigeres, den Organismen gerechter werdendes Denken, das die "richtigen Bilder" als kraftvolle Imaginationen entstehen lässt, zur Geltung kommen. Da muss also mit dem Herzen und auch mit den Nieren, der Milz und so weiter gedacht werden. Indes, man muss sich in solchem Denken üben. Man kann nicht nur tote Buchstaben lesen. Sie sind nur das Salz, das mit dem lebendigen Merkur tingiert werden muss. Paracelsus lehrte: *"Lerne lesen im Buch der Natur!"* So wie man klare Sinne braucht, um die äußere Welt korrekt wahrnehmen zu können, braucht man aber auch einen klaren Geist, der nicht durch Wunschgedanken, Leidenschaften und schlechten Willen getrübt ist, um die "innere Welt" wahrzunehmen. Der Alchemist weiß, dass man nicht mit dem Gehirn denkt, sondern dass das Gehirn die Funktion hat, die Wahrnehmung des ganzen Wesens in das Bewusstsein hineinzuspiegeln. Das Gehirn und der Spiegel gehören der lunaren Sphäre an, denn der Mond ist ja selbst ein Spiegel der Sonne. Wenn ein Spiegel zerkratzt oder schmutzig ist, werden die wiedergegebenen Spiegelbilder entstellt. Das Gleiche gilt, wenn der

Seelenspiegel durch wertlose Lebensführung "zerkratzt" oder durch Lügen und Unwahrhaftigkeit getrübt wird, dann spiegelt auch er die Wahrnehmungen nicht mehr genau.

Wir haben gemeinsam gelernt, den Weltenbaum hinaufzuklettern und die vielgestaltige Welt von verschiedenen Höhen aus zu betrachten. Nun liegt es an euch, das schon einmal "vererbte" Wissen in eurer Seele erneut wirken und aufgehen zu lassen. So mag euch fürderhin die Gewissheit begleiten, dass auch der Mensch über die Möglichkeit verfügt, nein zu seinen Trieben, Begierden und Instinkten zu sagen - durch seinen Geist. Dort befindet er sich immer noch in seiner Ichhaftigkeit und ist dennoch im Besitz eines um sich selbst wissenden Wesensmittelpunktes, der auf die Frage "Wer ist es, der da denkt, will, fühlt und empfindet?" antworten kann: "Ich bin es!" Und wenn auch ihr eines Tages gefragt werdet: "Bist du der Sohn Gottes?", dann antwortet frei:

"ICH BIN ES!"

Die Welt der Elemente, Pflanzen, Tiere und Menschen ist die natürliche Welt, der Ort, den die Götter den Menschen als Wohnort zugewiesen haben. Er ist ihre einzige Heimat, solange sie Mensch sein müssen, und nicht irgendein anderer Planet. In der altnordischen Mythologie wird dieser Bereich "Midgard", der Garten in der Mitte genannt, genau wie wir diese Vorstellung als Bild in vielen anderen Kulturen und ihren Überlieferungen finden. Der oben angeführte Satz - *"So wie man klare Sinne braucht, um die äußere Welt korrekt wahrnehmen zu können, braucht man aber auch einen klaren Geist, der nicht durch Wunschgedanken, Leidenschaften und schlechten Willen getrübt ist, um die innere Welt wahrzunehmen."* - mag uns nun zur letzten gemeinsamen Erfahrung führen. Ihr wisst nun, was die *quinta essentia* bedeutet und dass sie euch als fünftes Element erst in die Lage versetzt, euer persönliches Werk - DAS GROSSE WERK - zu vollbringen. Der wichtigste Bewohner dieser inneren Welt ist euer INNERER LEHRER, dessen eine mögliche Behausung auf dem "heiligen Berg" ihr schon vor einiger Zeit erkundet habt. (Saint Germain bezieht sich hier auf die Kabbala und die kabbalistische Reise zum inneren Lehrer, die im Buch *Kabbala und Rosenkreuz – Saint Germains Vermächtnis* veröffentlicht wurde.)

Buchempfehlungen

Saint Germain/Myra: *Saint Germains Vermächtnis. Ein westlich-abendländischer Einweihungsweg.* Silberschnur 2010.

Saint Germain/Myra: *Saint Germains Vermächtnis. Kabbala und Rosenkreuz.* Silberschnur 2011.

Dr. Edward Bach: *Gesammelte Werke - von der Homöopathie zur Bach-Blütentherapie.* Aquamarin 2003.

Wolf-Dieter Storl: *Pflanzendevas. Die geistig-seelischen Dimensionen der Pflanzen.* Knaur 2010. (Empfehlenswert sind auch alle anderen Bücher dieses Autors.)

Hans Cousto: *Die kosmische Oktave. Der Weg zum universellen Einklang.* Sythesis 1984.

Ein Kurs in Wundern. Greuthof 1994.

Mit Stephanie Fuchs, dem Medium der “Hüterin der Erde”, können Interessierte über ihre Homepage Kontakt aufnehmen: *www.engel-medizin.de*

Über die Autorin

MYRA (geboren 1945 in Oberbayern, gestorben 2002) war mehr als sechs Jahre Saint Germains Medium, seine Schülerin und Teil einer Gruppe, für die das vorliegende Buch ursprünglich entstanden ist.

Brigitte Hussak (geboren 1944 in Österreich), Schülerin Saint Germains und Myras langjährige Wegbegleiterin, sammelte die Botschaften Saint Germains, um sie nun einer breiteren Öffentlichkeit zugänglich zu machen.

256 Seiten, Klappenbr.
ISBN 978-3-89845-307-3
€ [D] 16,90

Myra

Saint Germains Vermächtnis

Ein westlich-abendländischer Einweihungsweg

Saint Germain, Aufgestiegener Meister und Menschheitslehrer, unterrichtete in den Neunzigerjahren des 20. Jahrhunderts einige Jahre einen Kreis von Personen, womit er ein Versprechen einlöste, das er vor 250 Jahren gegeben hatte. Saint Germain weist uns hier einen westlich-abendländischen Einweihungsweg, der eine Umwandlung des Lebens ermöglicht – eine Heilung im Sinne von Ganzheit. Der zweite Teil des Buches eröffnet uns einen Zugang zum mystischen Christentum und zu unserer keltischen Urtradition. Ein Buch, das uns wieder mit unseren eigenen Wurzeln verbindet ...

480 Seiten, Klappenbr.
ISBN 978-3-89845-334-9
€ [D] 19,90

Myra

Kabbala und Rosenkreuz

Saint Germains Vermächtnis

In diesem einmaligen Buch lädt Saint Germain den Leser ein, sein Energiefeld zu betreten: Er nimmt ihn mit auf den Weg zu Kabbala und Rosenkreuz, die alle Weisheit der Menschheitsgeschichte enthalten und es uns erlauben, das wahre Wissen der Eingeweihten wieder zu erwerben, wie z.B. der Weg zur Kabbala, der Lebensbaum, mit dem violetten Feuer arbeiten oder der Innere Orden vom Rosenkreuz. Kabbala und Rosenkreuz durchdringen und ergänzen einander. Ein wichtiger Schritt zu einem neuen Verständnis der geistigen Welt – auf der Basis der »alten Ordnung«.

448 Seiten, Klappenbr.
ISBN 978-3-89845-317-2
€ [D] 19,90

Fred Matser

Für eine Welt mit Herz

Ein Findhorn-Buch

»Wenn es ein paar mehr Menschen wie dich gäbe, dann würde sich die Welt verwandeln ...«, schreibt Deepak Chopra über Fred Matser, der es sich zum Ziel gesetzt hat, mit gegenseitiger Inspiration und Hilfe zur Selbsthilfe eine funktionalere Gesellschaft zu erschaffen. Der Autor stellt sieben Prinzipien vor, die helfen, einen Wandel in uns selbst und in der Welt herbeizuführen. Dieses Buch ist eine inspirierende Ideenquelle und lädt den Leser dazu ein, gemeinsam mit anderen eine bessere Welt zu schaffen.

212 Seiten, mit farb. Abbildungen, broschiert
ISBN 978-3-89845-308-0
€ [D] 6,95

Claire Avalon

Die Lichtstrahlen der Aufgestiegenen Meister

Eine praktische Einführung

Jedes lebendige Wesen und alles, was in der irdischen Materie erschaffen wird, folgt den gleichen Gesetzen. Wir alle haben einen Lebensplan. Die kosmischen Lichtstrahlen sind dabei wie Energiebahnen, denen wir folgen, und Geist und Materie treffen sich immer wieder, um die Weichen neu auszurichten. Doch wer hütet unseren Plan? Die Aufgestiegenen Meister sind unsere Partner auf der geistigen Ebene, und sie helfen uns, die Ziele unserer Seele zu erreichen. Die Lichtstrahlen der Aufgestiegenen Meister zeigen uns, wie wir unser Leben – auch im Sinne von Ursache und Wirkung – geerdet und spirituell ausrichten können.

Eileen Caddy & David Earl Platts

Die Tore zur Liebe öffnen

Ein Findhorn-Buch

232 Seiten, Klappenbr.
ISBN 978-3-89845-288-5
€ [D] 14,90

Wir alle sind mit der Fähigkeit geboren, uns selbst und andere zu lieben. Schmerzvolle Erfahrungen haben jedoch dafür gesorgt, dass viele von uns innere Schutzwälle errichtet und Ängste, Überzeugungen und Verhaltensweisen entwickelt haben, um diese inneren Barrieren aufrechtzuerhalten. Die wichtigste Lektion im Leben ist es daher, wieder lieben zu lernen ... Dieses Buch lädt Sie ein, die freie Entscheidung zu treffen, mehr Liebe in Ihr Leben zu bringen, und es hilft Ihnen, diese Entscheidung Schritt für Schritt klar und entschlossen umzusetzen.

Elizabeth Clare Prophet & Mark L. Prophet

Das Reich der Engel

144 Seiten, broschiert
ISBN 978-3-89845-338-7
€ [D] 6,95

Engel dienen in jedem Bereich des Lebens, sie möchten uns helfen, erleuchten, trösten, inspirieren, heilen und vor Gefahren warnen. In den himmlischen Reichen wartet ein ganzes Heer von Engeln nur darauf, als Antwort auf unsere von Herzen gesprochenen Gebete und Anrufungen auf die Erde kommen zu dürfen. Elizabeth Clare und Mark Prophet haben einige unverzichtbare Schlüssel übermittelt, um diese hilfsbereiten Freunde des Lichts um ihre Unterstützung zu bitten. Indem wir ihre vielen praktischen Tipps anwenden, können wir die Engel bewusst in unseren Alltag integrieren und sie um Hilfe für uns anrufen.

Carly Newfeld

Der inneren Führung vertrauen

Botschaften aus Findhorn

240 Seiten, Klappenbr.
ISBN 978-3-89845-336-3
€ [D] 14,90

Dieses wertvolle Buch erkundet die vielen Möglichkeiten, um spirituelle Führung zu erhalten, auf unsere Intuition zu hören und beiden achtsam und freudig zu folgen. In aufschlussreichen Schilderungen und spritzigen Dialogen erzählt Carly Newfeld Geschichten von Menschen, für die innere Führung und Intuition wie selbstverständlich zum Alltag gehören. Die Autorin mit zu sich nach Hause und auf Abenteuer, in denen wir schillernden Persönlichkeiten und ganz normalen Leuten begegnen, die uns zeigen, welche vielfältigen Formen innere Führung annehmen kann.

Wladimir Megre

Anastasia – Die Energie des Lebens

264 Seiten, gebunden
ISBN 978-3-89845-058-4
€ [D] 14,90

Das Wesen eines Menschen besteht aus einer Vielzahl verschiedener Energien. Eine dieser Energien ist die Gedankenkraft – der Ursprung aller Dinge –, die trainiert und gefördert werden muss. Anastasia zeigt in diesem Buch u. a., wie man es schaffen kann, seine Gedankenkraft auf ein höheres Niveau zu heben. Wenn dies allen Menschen gelingt, werden Frieden, Freiheit und Glück für alle möglich. Sie kreiert damit einen Traum, der auch in Deutschland von vielen geträumt wird. Und die Energie unserer Träume ist die stärkste Energie, die es gibt. Es ist die Energie des Lebens.